RECHERCHES

BIBLIOGRAPHIQUES

SUR LE

NOTARIAT FRANÇAIS

NOTAIRES DE LA COMMUNAUTÉ DU CHATELET

FIDUCIA JUDIC... A LEX EST ...DOCUM... NOTAM...

Du Clouzieau del.   Gauvan sc.

A Quantin Imp

RECHERCHES

BIBLIOGRAPHIQUES

SUR LE

NOTARIAT FRANÇAIS

PAR

ALBERT AMIAUD

PARIS

LAROSE, LIBRAIRE-ÉDITEUR

22, RUE SOUFFLOT, 22

—

1881

A toutes les époques, le notariat français sut trouver dans son sein non seulement des littérateurs dont la corporation peut s'honorer, mais encore, et en grand nombre, des hommes érudits qui, constamment, maintinrent la science notariale au niveau des progrès théoriques et pratiques que le temps amène ou nécessite.

(JEANNEST SAINT-HILAIRE, *Du Notariat et des Offices*, p. 18.)

AVANT-PROPOS

Le notariat n'est pas seulement un art, c'est une *science* positive [1], dont l'existence ne peut plus être méconnue, qui a sa législation, sa doctrine, sa jurisprudence, ses auteurs spéciaux, et qui a le droit d'avoir sa *bibliographie*.

Car la bibliographie est, pour chaque science, l'auxiliaire indispensable de tous ceux qui travaillent, le guide nécessaire de tous ceux qui étudient. « Comment, aujourd'hui, sans le secours de la bibliographie, se reconnaître au milieu des produits si nombreux de l'intelligence : traités, commentaires, monographies, publications périodiques de toute nature? Comment aborder un sujet quelconque sans s'exposer à répéter ce qui a déjà été dit et souvent mieux dit, ou à tomber dans les lieux communs, sans cou-

[1]. Consulter : Discurso leido en la Academia Matritense del Notariado (1879-1880). *Si la Notaria es ciencia o es arte,* por D. Francisco Morcillo y Léon. — Madrid, 1880. Broch. in-8° de 24 p.

rir surtout le risque de ne rien faire que de super-
ficiel, faute d'avoir pu tirer parti des ressources
amassées par les savants qui ont écrit avant
nous?[1] » Nous ne pouvons voir d'un peu loin,
disait *Fontenelle*, sans monter sur les épaules les
uns des autres. La bibliographie nous procure
le moyen de mettre à profit et d'augmenter les
matériaux réunis par nos devanciers.

Je crois donc rendre un réel service à la
science notariale, en *essayant* d'en donner une
bibliographie; car ce livre, je l'avoue sans fausse
modestie, n'est qu'un *essai*, plus complet sans
doute et meilleur, par la méthode, que les
simples catalogues déjà publiés par Rolland de
Villargues[2], Rainguet[3] et Bruno[4], mais encore
très insuffisant[5].

1. *Bibliographie raisonnée du droit civil*, par Dramard,
préface.

2. *Code du Notariat*, p. L.

3. *Le Notariat considéré dans ses rapports avec la morale*,
p. 281.

4. *Législation et jurisprudence du notariat*. Bibliographie.

5. Le notariat étranger nous a déjà devancés sur ce point.
Sans parler des nomenclatures incomplètes données par quelques auteurs (MICHELOZZI, *il Notariato secondo la nuova legge
italiana*, 1875), ou des bibliographies s'appliquant spécialement
à certaines provinces (ROCA Y CORNET, *Bibliografia notarial,
sobra los notarios de Catalùna*), nous devons mentionner deux
importants ouvrages de bibliographie générale du notariat :

Malgré mes recherches nombreuses, je n'ai pu, en effet, me renseigner exactement ni sur tous les auteurs, ni sur tous les livres. De là des omissions et des inexactitudes inévitables que je m'efforcerai de réparer, que voudront bien me signaler, je l'espère, mes lecteurs ; car, on l'a dit, toute œuvre de ce genre est nécessairement, dans une certaine mesure, une *œuvre collective.*

Le premier a pour auteur le savant bibliothécaire de l'Académie de législation de Madrid, TORRÈS-CAMPOS, et est intitulé : *Estudios de Bibliografia Espanola y estranjera del derecho y del notariado;* grand in-8° de 261 pages. Il a obtenu la médaille d'or au concours public institué par l'Académie notariale, en 1876. Bien qu'encore incomplet comme catalogue, le livre est excellent, si on l'examine au point de vue de la méthode, du classement et de l'appréciation des ouvrages. L'auteur a une grande connaissance non seulement de la littérature juridique espagnole, mais même des livres spéciaux publiés à l'étranger.

Le second ouvrage est dû au docteur Vladimir PAPPAFAVA, de Zara (Dalmatie). Il a paru cette année même et a pour titre : *Delle opere che illustrano il notariato* (in-8° de 360 pages). L'auteur y donne la liste de plus de cinq cents livres et brochures relatifs au notariat de tous les pays, mais plus particuliérement de l'Autriche, de la Belgique, de l'Espagne, de la France, de l'Italie et de la Russie. Les ouvrages les plus importants sont appréciés dans des notes fort justes et utiles à consulter ; parfois même l'auteur, pour mieux faire juger le caractère et la valeur du livre, en donne des extraits. C'est un très bon livre, que nous ne saurions trop recommander à tous ceux qui travaillent. Nous en avons publié un *Compte rendu* dans le *Bulletin* de la Société de législation comparée (numéro de juillet 1880).

Du plan de ce livre, je n'ai que deux mots à dire. J'ai cru devoir le diviser en deux parties. Dans la *première*, j'ai donné, par ordre alphabétique, la liste de tous les notaires qui, par leurs publications, de quelque nature qu'elles fussent, littéraires, scientifiques ou juridiques, ont honoré la corporation. Dans la *seconde*, sont classés, à leur date, tous les ouvrages spécialement relatifs au notariat, mais écrits par des auteurs anonymes ou étrangers à l'institution.

Ce livre aura ainsi le double avantage de donner une nomenclature, aussi complète que possible, de tous les travaux publiés sur le notariat, et, en outre, de conserver le souvenir des confrères qui ont consacré à la science leurs travaux, leurs veilles et bien souvent leur vie toute entière.

J'aurais désiré faire plus encore : j'aurais voulu, dans une troisième partie, qui eût été le *livre de noblesse* du notariat et comme les *archives* de son honneur professionnel, publier les noms de tous ces hommes modestes qui ont, depuis l'origine de notre organisation notariale moderne, obtenu l'*honorariat*, et dont la corporation a le droit, aussi, de s'enorgueillir, bien

qu'ils n'aient eu d'autre ambition que de tra-
vailler obscurément et de passer en faisant le
bien.

J'aurais encore voulu ravir à l'oubli du temps
les noms de ceux qui, comme *Panhard*, ancien
notaire à Paris, n'ont jamais déserté leur devoir,
même devant une mort certaine, et sont tombés
(1879) victimes de leur dévouement professionnel.

J'aurais voulu, enfin, perpétuer le souvenir de
toutes ces familles notariales, trop rares aujour-
d'hui, où, durant deux, trois et quatre siècles,
on a pu compter, de père en fils, jusqu'à vingt-
quatre générations de notaires se succédant dans
la même étude[1]. Par ce temps d'ambitions hâ-

---

1. Nous en citerons quelques-unes :

Famille *Prompsal* (Châteaudouble, Drôme), où se sont succédé vingt-quatre notaires de ce nom, durant quatre cents ans.

Famille *Guichard* (Bollène, Vaucluse), où l'office s'est transmis de père en fils, de 1476 à 1854.

Famille *Boudet* (Allan, Haute-Garonne), où l'office s'est transmis de père en fils, de 1619 à 1851.

Famille *Troullier* (Ardes, Puy-de-Dôme), dont les membres
se sont succédé pendant deux cents ans non interrompus.

Famille *Morin* (Laferrère, Orne); famille *Bougarel* (Moulins,
Allier); famille *Péridier*, à Montpellier; *Lucas*, à Château-
dun, etc., dont les membres se sont transmis leur charge pendant cent cinquante ans et plus.

tives, il eût peut-être été bon de remettre sous les yeux de notre jeunesse notariale de pareils exemples, et d'opposer à l'existence fiévreuse de ce siècle la vie calme et sereine de ces hommes qui ont été comme les *patriarches du notariat*. Mais cette entreprise était considérable et longue à mener à bonne fin. J'avais aussi trop peu de renseignements à mon service. J'ai dû l'ajourner et me contenter, pour l'heure présente, d'une œuvre plus modeste et d'un intérêt plus pratique. Si j'y ai pris quelque peine, j'en suis déjà récompensé par la pensée que j'épargnerai des pertes de temps et des recherches infructueuses à ceux qui voudront bien la consulter.

Juillet 1880.

PREMIÈRE PARTIE

PREMIÈRE PARTIE

ABUNDANCE (Jehan d')

Ancien notaire royal de la ville de Pont-Saint-Esprit *(Gard)*.

Vivait au milieu du xvi° siècle. A composé et publié un grand nombre de pièces de théâtre, de farces et de moralités fort goûtées de son temps, et recommandables par l'esprit et le style. Parmi les plus connues, on peut citer :

Le Testament de Carmentrant, pièce en vers à huit personnages.

La Bibliothèque nationale possède un exemplaire de la réédition de 1830.

Le Faubourg d'Enfer. Lyon, Jacques Moderne.

La Prinse de l'acteur, par feu capitaine Jonas. Lyon.

Épître sur le bruit du trépas de Clément Marot. Lyon, 1554.

La Captivité du Bien public, avec plusieurs autres matières, notamment le « Dicton de la cloche de Mende »,
le « Dicton du pont Saint-Esprit », plusieurs ballades,
épîtres, rondeaux, triolets et huitains. Lyon, Grand-
Jacques.

Les Grands et merveilleux faits de Nemo. Lyon.

Moralité et Figure de la Passion de N.-S. Jésus-Christ.

Le Joyeux Mystère des trois rois.

La Farce de la Cornette.

Le Monde qui tourne le dos à chascun.

Prosopopeïe *de la France à l'empereur Charles-Quint.*
Toulouse, Nicolas Vieillard.

*La Guerre et débat entre la Langue, les Membres et le
Ventre.* Lyon.

D'Abundance avait pris pour devise : *Fin sans fin.* — Plusieurs de ses pièces ont paru sous le nom de *Maître Tyburce,*
demeurant en la ville de *Papetourte.* Bernard de La Monnoye,
dans une *note* sur Du Verdier, prétend même que le nom
d'Abundance était un nom supposé.

(Voyez Du Verdier, *Bibliog. franç.,* t. II, p. 324;
Brunet, *Manuel du Libraire,* au mot *D'Abundance;*
— Michaud, *Biographie univ.,* eod. verb.)

ALLARD (J.-L.)

Notaire à Villefranche (*Pyrénées-Orientales*).

A publié :

DES ENFANTS NATURELS. — Paris, 1878, 1 vol. in-8º.

Dans ce traité, excellent commentaire théorique et pratique, M. Allard s'est efforcé de réunir tout ce qui concerne les enfants naturels : reconnaissances, adoptions, successions, désaveux de paternité, etc. On y trouve sur toutes les questions, au point de vue civil et fiscal, le dernier état de la doctrine et de la jurisprudence.

ÉTUDES SUR LE PRÊT. (Journal *le Roussillon*, n° du 10 septembre 1879.)

Et, sous le voile de l'anonyme, divers articles sur des *questions financières.*

ALLARD (L.-J.)

Ancien notaire à Parthenay (*Deux-Sèvres*).

A publié :

De la Forme des actes au point de vue de l'intérêt des tiers et de la société. Dédié au général Allard. — Niort, 1857, 1 volume in-8°.

Exposé des mesures administratives à prendre pour assurer l'efficacité de la loi du 23 mai 1855 sur la transcription. — Niort, 1857, broch. in-8°.

AMAT

Ancien notaire à Toulouse (*Haute-Garonne*).

Ancien président de la Chambre des notaires de Toulouse.

A publié :

RAPPORT à M. le procureur général de la cour d'appel

de Toulouse sur la Situation du notariat et les réformes désirables. (*Journal du Notariat*, 1849, n° 511.)

Observations sur la taxe des honoraires des actes notariés. (*Journ. du Not.*, 1849, n° 551.)

AMIAUD (Albert)

Ancien notaire à Vars (*Charente*).

Ancien président de la Chambre des notaires d'Angoulême, membre de la Société de législation comparée de Paris, membre correspondant de l'Académie de législation de Toulouse, de l'Académie notariale de Madrid, etc.

A publié :

Étude sur le *Remploi in futurum,* Acceptation postérieure de la femme, Droit de transcription. (*Revue pratique* du droit français, 1868, t. XXIV, p. 393.)

Observations sur la réforme du Code de procédure civile. (*Revue pratique*, 1868, t. XXV, p. 280.)

De l'Intérêt des avances des notaires. (*Revue du Notariat,* 1868, n° 1992.)

De la Renonciation, par la femme du vendeur, à son hypothèque légale, au profit de l'acquéreur. (*Revue du Not.,* 1868, n° 2017.)

Observations sur les conséquences d'un arrêt de cassation du 30 mars 1869, à propos de la renonciation à l'hypothèque légale de la femme du vendeur. (*Journ. du Not.*, 1869, n° 2345.)

ÉTUDES DE DROIT PRATIQUE : De la Renonciation à son hypothèque légale, par la femme du vendeur, au profit de l'acquéreur. — Paris, 1869, in-8°.

Compte rendu, par M. Lacointa, dans le tome XVIII (année 1869) du *Recueil* de l'Académie de législation de Toulouse.

DE LA VÉNALITÉ ET DE LA PROPRIÉTÉ *des offices ministériels*. — Paris, 1870, brochure in-8°.

Étude sur la servitude de Tour d'échelle. (*Répertoire du Notariat,* 1870.)

Clauses de style; Clauses préventives en usage dans le notariat; leur valeur. (*Revue du Not.* 1870, n° 2683. 1873, n° 4369 et s. — Paris, broch. in-8°.

De la Responsabilité des Conservateurs d'hypothèques, en matière d'états d'inscriptions. (*Revue du Not. 1870,* n° 2758, 2888. — *1872,* n° 4147, 4201, 4243.)

De la Responsabilité notariale : Vente; Prix payé comptant. (*Revue du Not.,* 1872, n° 4094.)

NOTICE *sur l'organisation du notariat en Russie et en Espagne.* — Paris, 1873, in-8°. (Extrait du *Bulletin* de la Société de législation comparée.)

De l'Interdiction d'aliéner dans les institutions contractuelles. (*Revue du Not.,* 1874, n° 4621, 4652.)

LE TARIF GÉNÉRAL ET RAISONNÉ DES NOTAIRES; *Étude* sur les principes et le mode de rémunération des actes notariés, la procédure du tarif, les réformes désirables, etc. — Paris, 1875, 1 grand vol. in-8°. *Deuxième édit.*, 1880, 2 vol. in-8°.

> *(Compte rendu* par M. Auzies, conseiller à la cour de Toulouse, dans le t. XXVII du *Recueil* de l'Acadé-mie de législation, p. 86; — Par M. Dériveau, avocat à Angoulême, officier de l'Instruction publique, 1876, broch. in-8° de 28 pages, etc.

Réponse au COMPTE RENDU fait par M. Damoye, du *Tarif général et raisonné.* — Paris, 1875, broch. in-8°, et *Journ. du Not.*, 1875, n°ˢ 2850 et suiv.

Observations sur le payement de l'honoraire des testa-ments par les légataires. (*Moniteur du Notariat belge*, juillet 1875.)

Revue critique de la jurisprudence en matière d'enre-gistrement; *des Dons manuels dans les inventaires.* (*Revue du Not.*, 1876, n° 5103.)

Des Clauses de dispense d'inventaire dans les legs d'usu-fruit. (*Revue du Not.*, 1878, n° 5545.)

De la Compétence des juges de paix et des notaires en matière de certificat de propriété. (*Revue du Not.*, 1878, n° 5625.)

Des Clauses insérées dans les sous-seings privés ayant pour but de mettre l'enregistrement à la charge de la partie qui le rendra nécessaire. (*Revue pratique du notariat belge*, 1878, n° du 20 juin.)

De la Responsabilité notariale au cas de contravention à l'article 58 de la loi de ventôse; Défaut d'état sommaire des minutes. (*Rev. du Not.*, 1879, n° 5930.)

ÉTUDES SUR LE NOTARIAT FRANÇAIS ; réformes et améliorations. — Paris, 1879, in-8°.

> (*Compte rendu* par M. Arnault, professeur à la Faculté de droit de Toulouse, dans le t. XXVII du *Recueil* de l'Académie de législation, p. 183, et *Journ. du Not.*, 1879, n° du 8 mars.)

ÉTUDE *sur la prescription de l'hypothèque* par le tiers détenteur (art. 2180 et 2257 C. c.). — Paris, 1880, broch. gr. in-8° de 58 pages.

RECHERCHES BIBLIOGRAPHIQUES *sur le notariat français.* — Paris, 1880, in-18.

Et des *notices* et *traductions* dans l'ANNUAIRE de Législation étrangère.

ANDRÉ (JEAN-FRANÇOIS-GUSTAVE)

Ancien notaire à Aigre (*Charente*) 1833-1849.

Ancien président de la Chambre des notaires de l'arrondissement de Ruffec, ancien président du conseil général de la Charente (1854 à 1870), *dont il fut membre depuis 1848 jusqu'à sa mort* (28 novembre 1878). *Élu député à l'Assemblée législative le 13 mai 1849, il ne cessa de représenter au Corps législatif la troisième circonscription de la Charente* (arrondissements de Ruffec et de Confolens), *du 29 février 1852 au 4 septembre 1870. Il fut réélu à l'Assemblée nationale le 2 juillet 1871.*

Le 30 janvier 1876, il fut élu sénateur. Commandeur de l'ordre de la Légion d'honneur depuis 1864, M. André était encore officier de l'instruction publique (1864) et membre du conseil départemental.

Nous ne saurions énumérer ici tous les travaux de M. André durant sa longue carrière législative (près de trente ans), soit dans les commissions des Chambres, soit au dehors. Rappelons seulement :

Qu'il fut chargé, en 1867, de la présidence de la grande commission d'enquête agricole dans la région du sud-ouest (Charente, Charente-Inférieure et Haute-Vienne), et que, selon les paroles de M. le duc d'Audiffret-Pasquier au Sénat (séance du 3 déc. 1878), *il s'acquitta de cette importante mission avec une grande distinction...*

Très familiarisé avec toutes les questions économiques, administratives, financières, membre pendant de longues années des commissions des finances et du budget sous l'empire, il prit part, soit au Corps législatif, soit au Sénat, à un très grand nombre de discussions dont nous citerons seulement les plus importantes et celles relatives aux questions d'affaires.

Discussions :

Du projet de loi sur la *Transcription hypothécaire* (loi du 23 mars 1855 ; *Moniteur* de 1855, page 74) ;

Du budget de l'exercice de 1862 (ministère de la Justice) : situation des greffiers et des huissiers de justice de paix (*Monit.* 1862, p. 843) ;

Du projet de loi relatif à l'exécution d'un chemin de fer d'Angoulême à Limoges, et à la création du chemin de fer de Barbezieux à Châteauneuf et de Niort à Ruffec (*séances* des 25 juin 1861, 12 et 15 juin 1868);

Du budget ordinaire de 1863 : *dégrèvement des petits patentés, contributions indirectes, timbre* (*séances* des 21, 23 et 24 juin 1862) ;

Du budget de 1864 : *Enregistrement et second décime* (1863);

Du projet de loi relatif aux *Sociétés à responsabilité limitée* (1863);

Du projet de loi relatif au chemin de fer d'Orléans (1863);

Du projet de loi relatif aux chemins de fer d'intérêt local (1864);

Du projet de loi relatif au recrutement de l'armée et à l'organisation de la garde nationale mobile (1868), aux chemins vicinaux (1868);

De l'interpellation relative aux voies de communication (*séance* du 8 février 1870) ;

Du budget de 1871 (*séance* du 19 juillet 1870);

D'une proposition de loi tendant à abroger la loi du 2 août 1872 sur les bouilleurs de cru. (*Journ. officiel.* 1875, p. 5172);

Du projet de loi relatif à des augmentations d'impôts et à des impôts nouveaux (*Enregistrement et timbre*) ;

Du projet de loi concernant les valeurs mobilières et les modifications à apporter à la taxe des biens de main-

morte et au timbre sur les décharges contenues dans les
lettres missives;

Du projet de loi relatif aux nouveaux impôts proposés pour le budget de 1874 (*droits fixes d'enregistrement* sur les actes extra-judiciaires);

Du projet de loi relatif à divers *droits d'enregistre -
ment* (loi du 21 juin 1875);

Du projet de loi relatif à l'extension des ravages du
phylloxera (Sénat, 1877);

« D'une nature active et énergique, M. André apporta dans la vie politique le travail, la droiture, le
dévouement qui l'avaient, dans ses fonctions de notaire,
signalé à l'attention et à l'estime de ses concitoyens...
Esprit positif et pratique, il connaissait à fond les aspi-
rations et les intérêts de la *Charente,* et il les défendit
toujours avec intelligence et énergie; aussi jouissait-il
dans le pays d'une grande et légitime autorité; il n'y
fut pas moins honoré pour la fermeté et la modération
de ses principes et pour la fidélité de ses convictions. »
(Extrait de l' *Biographie des sénateurs et députés,* par
Félix RIBEYRE.)

ARNOUX
Ancien notaire.

A publié :

Des placements hypothécaires, in-8°. (Sans date connue.)

ASTOUL (U.)

Ancien notaire à Vaour (*Tarn*).

Directeur du Journal des Notaires et des Avocats; *a pris, en 1861, une part active, avec* M. Paultre, *à la fondation de la* Revue du notariat, *dont il a été* secrétaire de la rédaction *jusqu'en 1866.*

Il a publié, dans cette Revue, plusieurs articles de droit pratique, notamment : *sur les Ventes mobilières à terme* et *les Droits des Notaires* (*Revue,* 1861, n° 93), et un grand nombre de *notes* excellentes, écrites avec cette clarté, cette précision de pensée et de style et ce soin minutieux de l'exactitude qui caractérisent tout ce qui émane de M. Astoul.

———

AUGAN (J.-B.)

Ancien notaire à Agen (*Lot-et-Garonne*).

A ouvert, en 1825, un *Cours de notariat,* à Bordeaux.

A publié :

Cours de notariat, suivi d'un tarif alphabétique et raisonné des droits d'enregistrement et d'hypothèques. — Paris, 1825, in-8°. — *Deuxième édition.* Paris, 1829, in-8°. — *Troisième édition.* 1846, 2 vol. in-8°.

———

BADLER
Ancien notaire.

A publié :

MÉMOIRE, adressé à l'Académie des sciences morales et politiques, *sur les Coutumes druidiques* et sur la puissance religieuse et politique des druides dans la Gaule. — Paris, 1867, in-8°.

BALCON
Notaire à Châteauneuf-du-Faou (*Finistère*).

A publié :

ESSAI *sur la Réorganisation du Notariat.* — Quimper, 1879. Broch. in-8°.

Préoccupé, comme tant d'autres notaires, des sinistres financiers dont, tous les ans, la corporation donne le triste spectacle, l'auteur en recherche les causes et indique les remedes qui, selon lui, pourraient relever l'institution et lui rendre l'estime et la confiance publiques.

BALTUS (JACQUES)
Ancien notaire à Metz, 1690-1760.

Avocat au Parlement, échevin de l'hôtel de ville, conseiller du roy.

A publié :

ANNALES DE METZ, depuis l'an 1724, pour servir de

supplément aux preuves de l'histoire de Metz. —
Metz, 1789, in-4° de 359 pages.

JOURNAL de ce qui s'est fait à Metz, au passage de la
reine, avec un recueil de plusieurs pièces sur ce
sujet. — Metz, 1755, in-4° de 23 pages.

BARDY (GUSTAVE)[1]

Ancien notaire à Limoges (*Haute-Vienne*).

*Ancien président de la Chambre des notaires de Li-
moges ; ancien conseiller à la Cour de Poitiers et à la
Cour d'Alger, président de la Société des antiquaires de
l'ouest ; correspondant du ministère de l'Instruction publique, pour les travaux historiques, depuis 1858 ; fils,
petit-fils et arrière petit-fils de notaire.*

M. Bardy fut un des fondateurs du *Comité* dont il
fait toujours partie, et dont il est un des membres les
plus distingués.

Il a publié :

L'ALGÉRIE *et son organisation en Royaume.* — Paris,
1852, in-8°.

L'*OEuvre des Écoles d'Orient.* — Paris, 1858. Broch.
in-8°.

L'*Ordre souverain des hospitaliers réformés de Saint-Jean
de Jérusalem, Rhodes et Malte. La nouvelle question
Romaine.* — Paris, 1861. Broch. in-8°.

1. Voir l'*Appendice.*

Les Électeurs de la noblesse du Poitou, en 1789. — Poitiers, 1860, in-8°, contenant les rôles des électeurs de l'ordre de la Noblesse.

Discours prononcé à l'occasion de son installation en qualité de président de la Société des antiquaires de l'ouest. — Poitiers, 1861. Broch. in-8°.

Et de nombreux *discours* prononcés aux *Comices agricoles* de Poitiers et des environs.

BARTEL
Ancien notaire.

A publié :

TRAITÉ *sur les Assurances.* In-8°. (Sans date connue.)

BARABÉ
Ancien notaire.

A publié :

RECHERCHES HISTORIQUES sur le Tabellionage royal, principalement en Normandie, et sur les divers modes de contracter à l'époque du moyen âge, d'après de nombreuses pièces manuscrites ; — et *Sigillographie normande* en 24 planches, avec fac-similé d'une belle charte ducale du XI° siècle, commentée par dom Tassin, en 1758, en douze lettres inédites. — Paris, 1863.

Ouvrage très curieux et très intéressant.

BASSELIER (Octave)

Notaire à La Prugne (*Allier*).
Ancien notaire à Saint-Didier-sur-Arroux.

A publié :

Observations sur le droit des Chambres de discipline à imposer aux clercs de Notaire un certificat de capacité. (*J. du Not.*, décembre 1866, janvier et février 1867.)

Cette discussion qui s'agitait entre M. Basselier d'un côté, et de l'autre, MM. *Dujardin*, président de la Chambre des Notaires de Mulhouse, *Huvelin*, président de la Chambre des Notaires de Verdun (nᵒˢ des 15 nov. et 22 déc. 1866), et *Pierron*, notaire à Paffenhofen (Bas-Rhin) (nᵒ du 13 déc. 1866), a été résumée par M. Lefebvre, nᵒ du 16 février 1867.

Une Première Lettre juridique à M. Garnier, auteur du Répertoire de l'Enregistrement. (*L'Étude*, nᵒ du 20 décembre 1868.)

L'Année notariale, recueil périodique de législation et de jurisprudence, qui n'a paru qu'une seule année. — Saint-Didier-sur-Arroux, 1869, in-18.

Ouvrage qui eût été fort utile au notariat, si l'auteur eût pu le continuer. Mais l'indifférence pour les œuvres de l'esprit est passée, en France, à l'état chronique, dans la corporation, et tout ce qui n'est pas *formulaire*, c'est-à-dire œuvre de *pratique élémentaire*, a peu de chance de trouver des lecteurs. *L'Année notariale* était cependant, parmi les livres destinés au notariat, un de ceux qui méritaient le mieux de vivre, par l'intelligente et judicieuse méthode avec laquelle tous les renseignements y sont classés, ainsi que par l'intérêt et le nombre des matériaux qui y sont réunis.

BASTIDE

Ancien notaire à Épinal (*Vosges*).

A publié :

DISCOURS sur les devoirs du notaire et réflexions
critiques sur divers abus à supprimer. — 1849,
in-8⁰.

BAURET

Ancien notaire.

Est l'auteur de plusieurs opuscules peu connus et
dont la date de publication n'a pu être retrouvée, sur les
Ventes judiciaires, la *Responsabilité des notaires*, la
Taxation des actes notariés, etc.

BECKER

Ancien notaire à Strasbourg (*Haut-Rhin*).

A publié :

OBSERVATIONS sur la loi du 29 mars 1855, sur la
transcription hypothécaire. (*J. du Not.*, 1856,
n° 1125.)

BERGE (E.-D.)

Ancien notaire.

A publié :

HISTOIRE DU NOTARIAT, suivie de considérations générales sur l'état actuel de cette institution. —Paris,
1815, in-12.

Opuscule intéressant, bon à consulter, mais incomplet, et
quelquefois même inexact, au point de vue des renseignements
historiques.

BERGER (ÉTIENNE.)

Ancien notaire à Bourganeuf (*Creuse*).

*Ancien président de la Chambre des notaires de Bour-
ganeuf, notaire honoraire.*

A publié :

OBSERVATIONS sur la clause de franc et quitte dans les
contrats de mariage. (*Journal des Not. et des Avoc.,*
1856, art. 15950. — *J. du Not.,* 1857, n° 1208.)

ÉTUDE sur la renonciation à l'hypothèque légale de la
femme dans ses rapports avec l'acquéreur. (*J. des
Not. et des Avoc.,* 1861, p. 181.)

DE LA TRANSCRIPTION. —Distinction des actes trans-
latifs de propriété d'avec ceux qui sont simplement

déclaratifs. — Paris et Limoges, 1875, 1 vol, in-8°
de 502 p.

Très bon livre, où l'auteur se préoccupe surtout de discuter
les questions pratiques que lui a révélées sa longue expérience
des affaires.

BERGER (Lucien)

Notaire à Bourganeuf (*Creuse*).

A publié :

De la Relation de l'inscription d'office dans la mention
de transcription des actes de vente. (*J. du Not.*, 1876,
n° 2962.)

Dissertation sur la question de savoir comment doit
être liquidé le droit d'enregistrement sur la cession
de droits successifs qui fait cesser l'indivision. (*J.
du Not.* 1877, n° 3054.)

BERNARD

Notaire au Ménil-Saint-Denis (*Seine-et-Oise*).

A publié :

Dissertation *sur les Tarifs usuels :* La taxe et l'honneur du notariat. (*J. du Not.*, 1872, n° 2560.)

BERTHELLOT (Sosthène)

Ancien notaire.

A publié :

Esprit, Législation et Jurisprudence du Notariat. Guide théorique et pratique des personnes qui exercent les fonctions de notaire ou qui s'y destinent. — Paris, 1854, in-8°.

Manuel du notariat, in-8°. (Sans date connue.)

BERTOLLE (Jérome)

Ancien notaire.

A publié :

Les Adjudications devant notaires. — In-8°. (Sans date connue.)

BESNUS

Notaire à Conflans-Sainte-Honorine (*Seine-et-Oise*).

Ancien président de la Chambre des notaires de Versailles, vice-président du Comité des notaires des départements depuis 1877.

A publié :

Du Domicile élu, envisagé au point de vue de la res-

ponsabilité notariale pour les significations qui y
sont faites. — Paris, 1869, Broch. in-8°.

Des Licitations et Partages simultanés. — Nature du
droit à percevoir sur l'enregistrement des licitations.
— Paris, 1870, Broch. in-8°. (*J. du Not.,* 1870,
n⁰ˢ 2416, 2417, 2418.)

De la Préférence entre notaires pour la garde des minutes des inventaires et actes subséquents, après
l'ouverture d'une succession. — Paris, 1874, Broch.
in-8°.

Du Partage des honoraires entre notaires. — Paris,
1876, Broch. in-8°.

BEZANÇON

Ancien notaire à Poissy *(Seine-et-Oise).*

*Ancien président de la Chambre des notaires de Ver-
sailles, ancien membre du Comité des notaires, ancien
membre de l'Assemblée constituante en 1848 et 1849.*

Un des membres de la corporation dont la mort a
laissé le plus grand vide dans le notariat; esprit distingué, prompt et juste, éminemment doué de l'art de
bien dire et de bien écrire; d'un dévouement sans
bornes au notariat, il a rendu les plus grands services
à l'institution, soit comme membre du comité, soit
comme député à l'Assemblée constituante. Il a publié

de nombreuses *notes* parmi les travaux du Comité, notamment :

Note sur le *Projet de loi du Crédit foncier* et le Tarif des actes notariés (1852).

Adresse et *Mémoire* présentés à l'Empereur par le Comité en 1853. — Corbeil, 1854, in-8°.

BOIVERIE

Ancien notaire.

A publié :

Traité de la Responsabilité des notaires, in-8°. (Sans date connue.)

BOLO

Ancien notaire.

A publié :

DISSERTATION sur la dispense de caution pour l'époux usufruitier. (*J. du Not.*, 1855, n°⁵ 1103, 1104.)

BONNOMET (DENIS-CHARLES-FRANÇOIS)

Ancien notaire à Paris, 1781-1807.

Un des notaires les plus justement considérés de sa Compagnie.

A publié :

CONSIDÉRATIONS *sur le Notariat.* — Paris, 1803, in-8°.

BONVALLET

Ancien notaire.

A publié :

PRATIQUE *du Droit français* et des actes civils. — Dreux et Paris, 1879, in-8°. (*Revue du Not.*, 1879, p. 923.)

LE CONSEILLER MUNICIPAL. — Lois administratives, communales. — Lois électorales ; LES HABITANTS DES CAMPAGNES. — Droit rural, servitudes, louage des ouvriers et domestiques. — Loi militaire. — Paris, 1880, in-8°.

Compte rendu dans la *Revue du Not.* du mois d'août 1880, p. 634.

BORDIN (CHARLES-LAURENT)

Ancien notaire à Paris, 1794-1820.

Avait, par testament du 27 avril 1835, légué à la Chambre des notaires de Paris, 6,000 fr. de rente 5 % sur l'État français, et un capital de 80,000 francs pour créer une *École de notariat :* l'enseignement y eût été donné par un professeur titulaire et un professeur-adjoint, la direction restant d'ailleurs à la Chambre des notaires. La Chambre des notaires, dans une délibération motivée, se prononça pour l'acceptation du legs, mais l'assemblée générale des notaires de l'arrondissement, par délibération du 22 juillet 1842, se prononça en sens contraire et le legs fut répudié !

Bordin a aussi fondé cinq prix qui sont distribués par chacune des cinq classes de l'*Institut,* notamment un prix de 3,000 francs que donne, chaque année, l'Académie française pour les meilleurs ouvrages de haute littérature.

BORIEU (H.)

Ancien notaire.

A publié :

TRAITÉ-FORMULAIRE des petits Contrats. In-8°. (Sans date connue.)

BOUDIER

Ancien notaire à Mormant (*Seine-et-Marne*).

Est l'auteur d'une

DISSERTATION sur la quotité disponible entre époux qui ont des enfants d'un précédent mariage. (*J. du Not.,* 1859, n° du 19 février.)

BRAINE (Auguste)

Notaire à Arras (*Nord*).

Président de la Chambre des notaires d'Arras, membre du Comité *des notaires des départements.*

A publié :

ÉTUDE sur les Ventes par adjudications publiques permises aux officiers ministériels. 1861, in-8°.

Rapport très complet, présenté à la chambre des notaires d'Arras, où se trouvent réunis tous les documents, lois et décisions utiles à consulter.

ÉTUDE sur l'Impossibilité d'un tarif pour les notaires. — Arras, 1862. Broch. in-8°.

C'est le *mémoire* produit au tribunal d'Arras par l'auteur, à l'époque où les cours, les tribunaux et les notaires furent consultés par le gouvernement sur la question du tarif légal. — Utile à consulter, bien qu'il contienne quelques renseignements inexacts.

RÉPONSE aux *Observations* présentées par M. Labbé, notaire à Courban, sur la nécessité d'un tarif légal. (*J. du Not.*, 1862, n° 1732.)

OBSERVATIONS sur l'application aux notaires de la loi du 2 juillet 1862, créant un impôt sur les voitures et les chevaux. (*J. du Not.*, 1862, n° 1749.)

De l'utilité d'insérer les sections et numéros du cadastre dans les actes notariés et des avantages qui en résultent pour les mutations. — Arras, 1863. Broch. in-8°.

DE LA RÉVISION DU CADASTRE : Crédit foncier, Crédit agricole, Observations pratiques. — Arras, 1869, gr. in-8°.

Nous ne saurions trop appeler l'attention sur cet excellent travail, dans lequel l'auteur a fait preuve d'une science économique aussi sage qu'approfondie, et d'une intelligente initiative dans les *réformes* dont il propose l'adoption.

BOULARD (ANTOINE-MARIE-HENRI)

Ancien notaire à Paris, 1782-1808.

Avait remplacé son père, notaire à Paris, et transmit lui-même sa charge à son fils. Lauréat d'honneur au Concours général, en 1770. Fut maire du 11e arrondissement de Paris sous le Consulat ; membre du Corps législatif en 1803.

Grand amateur de livres, il avait une bibliothèque composée de 500,000 volumes ; sa maison en était tellement encombrée, qu'il fut réduit à congédier ses locataires pour pouvoir loger ses livres.

En 1817, il réclama les tombes de Boileau, Descartes, Montfaucon et Mabillon, et les fit rétablir dans l'église de Saint-Germain-des-Prés, à Paris.

Il a publié plusieurs ouvrages et surtout de nombreuses traductions.

On a de lui :

Notice sur la vie et les ouvrages de Binet, 1817.

La Réclamation des tombes et mausolées, par M. le curé

et les administrateurs de Saint-Germain-des-Prés, 1817.

Lettre à **M.** le Président de l'Académie royale des inscriptions et belles-lettres sur le projet de réduire le nombre des académiciens. — Paris, 1824.

On lui doit les traductions suivantes :

Morceaux choisis du Rambler ou rôdeur de Jonhson. 1785.

Entretiens socratiques. 1786.

Tableau des arts et des sciences depuis les temps les plus reculés, de Banister. 1786.

Histoire littéraire du moyen âge, de Harris. 1786.

Histoire d'Angleterre, de Henry (les 3 premiers volumes). 1788.

Tableau des progrès de la civilisation, de Stuart. 1789.

L'Angleterre ancienne, de Stuart. 1789.

Dissertation sur l'ancienne Constitution des Germains, Saxons et autres anciens habitants de la Grande-Bretagne, du même auteur. 1794.

Précis historique et chronologique sur le droit romain, par Schombert, 1795.

Considérations sur la première formation des langues, par Adam Smith. 1796.

Vies de Howard, Milton, Addison, Pickler, Butler. 1808.

Éloge de Marie-Gaëtane Agnesi, trad. de l'Italien Frisi.
1817.

Bienfaits de la religion chrétienne, par Ryaz. 1807.

Esquisse historique et biographique des progrès de la
botanique en Angleterre, par Pulteney. 1809.

Horæ biblicæ, de Ch. Butler, 1810.

Histoire littéraire des 14 premiers siècles de l'ère chrétienne, par Bérington. 1811.

Tableau des auteurs qui ont écrit sur les Testacés.
1816.

On doit aussi à *Boulard* les trois *Recueils* suivants
destinés à faciliter l'étude de la *langue allemande :*

1° *Essai* d'un nouveau Cours de langue allemande, ou
choix des meilleurs poèmes de Zacharie, Kleist et
Haller. — Paris, 1798.

2° *Essai* de Traduction interlinéaire en cinq langues.
1802.

3° *Essai* de Traductions interlinéaires en six langues.
1802.

Ce volume contient la traduction d'*Herman et Dorothée.*

Boulard a encore publié, avec des versions interlinéaires :

Les Avis d'une mère à sa fille, de Mme de Saint-Lambert,
1800.

Les Idylles de Gessner, 1800.

3.

Il a coopéré à la traduction de l'Histoire de la décadence de l'empire romain, par Gibbon; enfin, il a collaboré à divers Recueils littéraires.

(Cons. *la France littéraire*, de Quérard; l'Annuaire nécrologique de 1825, et Michaud, *Biographie universelle*, v° Boulard.)

BRAULT

Notaire honoraire à Montfort-l'Amaury (*Seine-et-Oise*).

Ancien président de la Chambre des notaires de Rambouillet ; secrétaire de l'Association de prévoyance du notariat.

Est l'auteur de :

MÉMOIRE sur l'article 6 de la loi du 18 mai 1850, relative aux dons manuels énoncés dans les inventaires. (*J. du Not.*, 1853, n° 862.)

OBSERVATIONS sur le droit à la taxe des honoraires en matière de vente immobilière par adjudication. (*J. du Not.*, 1869, n° 2362.)

Étude remarquable, dont on ne peut contester la valeur, alors même qu'on n'en adopte pas toutes les conclusions.

BRULÉ (J.)

Ancien notaire.

A publié :

Instruction élémentaire sur quelques droits et devoirs

des maires, adjoints et conseillers municipaux,
1864, in-8º.

Résumé simple et précis, ayant le mérite d'une grande clarté,
que tous les conseillers municipaux devraient avoir en main,
pour leur profit particulier et surtout pour le bien des communes.

BREDIN, DIT LE COCU

Notaire rural et contrôleur des Basses-Marches,
au royaume d'*Utopie*.

Sous ce nom a été publié :

FORMULAIRE *fort récréatif* de tous contrats, donations,
testaments, codicilles et autres actes qui sont faits et
passés par devant notaires et témoings. Tiré des
œuvres du philosophe et poète grec Simonide. —
Lyon, Rigaud, 1594, 1602, 1603, 1610, 1618. —
Paris, 1615, 1831.

Dans une *Notice* sur cet ouvrage, M. Péricaud, ancien
bibliothécaire de Lyon, prétend que les mots *Bonté n'y croist,*
qui sont, en guise de signature, à la fin de l'avis au lecteur de
ce *Formulaire*, seraient l'anagramme du nom de l'auteur,
Benoist de Troncy, dont on a d'autres ouvrages, publiés à Lyon
chez le même libraire.

Une nouvelle édition du *Formulaire*, collationnée sur les
anciennes, a été publiée à Lyon, en 1846, par C. Bréghot
du Lut.

BRUNO (Ludger)

Ancien notaire de l'arrondissement de Riom (*Puy-de-Dôme*).

A publié :

Résumés de la *Législation* et de la *Jurisprudence du notariat*. — Paris, 1856. 1 vol. grand in-8°. — Une deuxième édition a été publiée en 1868 chez Le Boucher.

A l'aide d'un labeur immense, d'une étude patiente et éclairée, de recherches considérables, l'auteur a résumé, d'une façon complète, toute la législation et la jurisprudence notariales, en *cent vingt-cinq tableaux synoptiques.*

Tableau des formalités spéciales et accessoires aux Ventes de meubles, fruits et récoltes, à l'usage des officiers-vendeurs, notaires, commissaires-priseurs, huissiers, etc... Paris, 1869, gr. in-8°.

Tableaux synoptiques du notariat : 1° *Tableau des Péremptions,* déchéances et forclusions ; 2° *Tableau de la Compétence des tribunaux.*—Paris, 1876, grand in-4°.

Bruno a écrit beaucoup, et on peut dire que toute son existence a été consacrée à un travail continu pour le notariat. Plusieurs de ces travaux ont été publiés dans des recueils spéciaux et sans nom d'auteur. La plus grande partie est inédite et ne paraîtra vraisemblablement pas.

BURETEY

Ancien notaire à Beaune (*Côte-d'Or*).

A publié :

Du Régime hypothécaire et Vues d'améliorations de ce système. — Paris, 1838, in-8°.

BRUYANT ou BRYANT

Ancien notaire au Châtelet de Paris.

Vivait au XIV° siècle.

On a de lui :

Le Chemin de povreté et de richesse. Paris, 1342.

Ce poème assez long se trouve en entier dans le *Ménagier de Paris*, t. II. Paris, Crappelet, 1846. On y lit ces jolis vers :

> Soit bien, soit mal, tence ou mesdre,
> Toujours veult femme estre loée
> Et de ce que dit advoée.
> De rien ne veult estre reprise,
> Ains veult que l'on l'a loe et prise
> Aussi bien du mal com du bien.
> Cette coustume sayje bien ;
> Et, pour ce que bien je le scay,
> De la ramposne me passay,
> Car contre femme se fault taire
> Et toute leur volonté faire.

En 1500, une imitation de ce poème a été donnée, sous le titre de *Chasteau de Labour*, par Gringore, qui a eu le tort de ne pas indiquer le véritable auteur.

BURTZ

Ancien notaire à Strasbourg.

Ancien président de la Chambre des notaires de Strasbourg.

A publié :

De la Conversion des expéditions en grosse par l'addi-tion de la formule exécutoire. (**J.** *du Not.,* 1857, n° 1273.)

Des Justifications imposées aux officiers de l'armée qui désirent obtenir l'autorisation de se marier. (**J.** *du Not.,* 1857, n° 1289.)

De l'Action en garantie des acquéreurs d'immeubles contre le cessionnaire du vendeur, en cas d'éviction. (**J.** *du Not.,* 1859, n°ˢ 1396, 1397.)

De la Suppression du droit proportionnel de transcrip-tion sur les partages anticipés. (**J.** *du Not.,* 1864, n°ˢ 1911 et 1912.)

CAQUOT

Ancien notaire à Châlons-sur-Marne (*Marne,* 1814-1852).

Ancien président de la Chambre des notaires de Châlons, dont il a presque constamment fait partie pendant ses 38 ans d'exercice; avait succédé à son père, nommé notaire en 1782; délégué par sa compagnie près du Comité *des notaires, il y prit une part active à la discussion de la réforme hypothécaire; ancien président de la Société d'agriculture, sciences et arts de la Marne.*

A publié :

DISSERTATION sur l'époque à laquelle doit être reprise l'inscription d'hypothèque conventionnelle sur les biens à venir. (*J. du Not.*, 1846, nᵒˢ des 6, 9 et 13 mai.)

OBSERVATIONS sur l'endossement des obligations à ordre. (*J. du Not.*, 1851, nᵒ 696.)

OBSERVATIONS sur les prélèvements de la femme dans les partages de communauté. (*J. du Not.*, 1853, nᵒ 874.)

OBSERVATIONS sur l'arrêt de cassation du 15 février 1853; Reprises de la femme commune. (*J. du Not.*, 1854, nᵒ 952.)

OBSERVATIONS sur les ordres amiables. (*J. du Not.*, 1854, nᵒ 957:)

OBSERVATIONS sur les reprises de la femme commune. — Paris, 1854, Broch. in-8ᵒ et *J. du Not.*, 1854, nᵒ 982.

OBSERVATIONS sur la subrogation à l'hypothèque légale des femmes mariées. (*J. du Not.*, 1856, nᵒ 1138.)

OBSERVATIONS sur la loi du 23 mars 1855; Inscription

des créanciers subrogés à l'hypothèque légale des femmes mariées. (*J. du Not.*, 1856, nº 1145.)

CARLA

Ancien notaire à Cahors (*Lot*).

A publié :

LE JURY NOTARIAL, ou *Recueil des principes* qui règlent les devoirs des notaires, la nature et les formalités de leurs actes. — Paris, 1803, in-12.

CARRET (FÉLIX)

Notaire à Beaune (*Côte-d'Or*).

Docteur en droit ; lauréat de la Faculté de droit de Paris.

A publié :

De l'*Hypothèque légale des femmes mariées*. — Paris, 1875, in-8º.

CASSELEUX

Ancien notaire.

A publié :

Donation entre époux de biens meubles. Nature des

reprises matrimoniales. Mode d'exercice de ces reprises. Conséquences du défaut de stipulation. Formules. (*J. du Not.*, 1868, n°ˢ des 8, 22 janvier et 22 février.).

CELLIER (H.)
Ancien notaire à Rouen (*Seine-Inférieure*).

Praticien d'un mérite supérieur, qui, après avoir exercé le notariat à Rouen, a voulu l'enseigner, non seulement dans un cours créé par lui, mais aussi dans divers ouvrages justement estimés.

A publié :

La Philosophie du notariat, ou lettres sur la profession de notaire. — Paris, 1832, in-8°.

Lettre à M. de Rancé, député de l'Eure, sur l'*Organisation des cours publics de notariat.* — Rouen, 1835. Broch. in-8°.

Considérations sur le Notariat et la Législation. — Paris, 1836, in-8°.

De la Réforme notariale et vénalité des offices. — Paris, 1837, in-8°. — *Deuxième édition,* 1840, in-8°.

Cours de rédaction notariale, 1840, in-8°.

CHABEUF

Ancien notaire à Dijon (*Côte-d'Or*).

A publié :

Lettres sur les projets de *Réforme hypothécaire*. (*J. du Not.*, nᵒˢ des 18 octobre et 19 novembre 1844.)

CHAMBERT (EMMANUEL)

Ancien notaire à Tours (*Indre-et-Loire*), de 1835 à 1869.

Notaire honoraire; membre du Comité *des notaires du département; chevalier de la Légion d'honneur.*

Il fut, pendant dix-sept ans, membre de la Chambre des notaires de Tours, dont il eut neuf ans la présidence et dont il fut le délégué auprès du Comité depuis le 9 mai 1850.

Le 5 mai 1869, les notaires de l'arrondissement de Tours, en souvenir et reconnaissance des services par lui rendus à la corporation, lui offrirent, en assemblée générale, une coupe d'argent ciselé, de forme antique, ayant pour support une statuette de la Justice reposant sur un trépied formé de trois griffons, avec cartouche contenant les initiales E. C. et les insignes de la Légion d'honneur. Elle porte cette légende : *Les notaires de l'arrondissement de Tours à E.* CHAMBERT, *leur doyen, trente-quatre ans d'exercice, membre de la Chambre pen-*

dant dix-sept ans, neuf fois président. Témoignage de haute estime et d'affection. 5 mai 1869.

Le 11 mai 1869, à l'occasion de la prestation du serment de M. Faucheux, son successeur, le Tribunal, par l'organe de son président, donna à M. Chambert un témoignage public de regret et d'estime, *pour avoir été,* dans l'arrondissement, *la glorification vivante des fonctions de notaire.*

Nous ne saurions rappeler ici tous les travaux relatifs au notariat produits par M. Chambert durant son long exercice, ces travaux ayant tous été rédigés dans un intérêt professionnel, pour sa Compagnie ou le Comité des notaires et n'ayant point été publiés. Nous ne saurions cependant passer sous silence :

Le remarquable *Rapport* fait à la Chambre des notaires de Tours concernant les ventes par adjudication et les devoirs généraux qui s'imposent aux notaires. (*J. du Not.,* 1855, n° 1048.)

Et l'excellent *discours* sur la *Mission des notaires* prononcé en novembre 1869, à l'assemblée générale des notaires de l'arrondissement de Tours; discours écrit avec une chaleur de conviction et une hauteur de pensées vraiment remarquable.

M. Chambert n'a pas seulement été un notaire distingué et honorable, il est aussi un littérateur de haut goût. Il vient de publier une œuvre charmante et très soignée :

L'AMINTE, du *Tasse,* traduction en prose française ;

— Paris, 1880, chez Jouaust. Joli volume in-8° décoré d'une eau-forte de Lalauze.

Nous avons donné une appréciation de cette *Étude* dans le *Journal du Notariat*, numéro du 15 mai 1880.

CHAMBIGE

Notaire à Constantine (*Algérie*).

A publié :

Des Greffiers-notaires en Algérie; 1879, Broch. in-8°.

CHAMPIGNY

Notaire honoraire à Châtellerault (*Vienne*).

Ancien président de la Chambre des notaires de Châtellerault.

A publié :

MÉMOIRE sur la transcription des partages anticipés, in-8°. (Sans date connue.)

CHAMPLY (H.)

Ancien notaire.

A publié :

Principes de législation usuelle, ouvrage destiné aux

Cours d'enseignement secondaire spécial et rédigé conformément aux programmes officiels. Droit privé, droit pénal. — Paris, 1868, in-18 jésus.

––––––––

CHAUVET (GUSTAVE)

Notaire à Ruffec (*Charente*).

Ancien notaire à Édon, membre de l'Association française pour l'avancement des sciences, secrétaire de la Société archéologique et historique de la Charente, etc.

A publié :

Une série d'*articles* dans l'*Indépendant* de la Charente-Inférieure, sur l'*organisation des bibliothèques populaires* (1867-68).

Communications diverses, insérées dans les CONGRÈS *de l'Association française :*

> BORDEAUX, 1872. *Note* sur une station du renne au Ménieux (Charente).
>
> BORDEAUX, 1872. *Note* sur le dolmen de pierre rouge, commune d'Édon (Charente).
>
> LYON, 1873. *Note* sur la grotte de la Gélie (Charente).
>
> NANTES, 1875. *Fouilles* de sept tumulus de la pierre polie.

Communications diverses publiées dans les MATÉRIAUX *pour servir à l'histoire primitive de l'homme.*

4.

1870. Station de l'âge de la pierre polie dans la Charente-Inférieure.

1873. *Note* sur la grotte sépulcrale de la Gélie (Charente).

1875. Les Tumulus de la Boixe (Charente).

1878. *Note* à propos des puits funéraires.

NOTES *sur la période néolithique dans la Charente.* (Extrait du *Bulletin* de la Société archéologique de la Charente). — Angoulême, 1877 ; broch. gr. in-8° de 25 pages, avec *trois planches.*

LES TUMULUS DE LA BOIXE, rapport présenté à la Société archéologique et historique de la Charente, au nom de la Commission des fouilles (en collaboration avec M. Lièvre). — Angoulême, 1878 ; broch. gr. in-8° de 44 pages, avec *six planches.*

CHAPUSOT

Ancien notaire à Jargeau (*Loiret*).

A publié :

Dissertation sur le tarif des actes notariés. (*Journ. du Not.,* 1849, n° 503.)

Observations sur les droits de mutation en matière de succession et de donation. (*Journ. du Not.,* 1848, n° 423.)

CHARPENTIER

Ancien notaire à Bucy (*Aisne*).

A publié :

Étude sur les récompenses dues à la communauté, pour les labours et semences des terres propres aux époux. (*Journ. du Not.*, 1860, n° du 4 janvier.)

CHARTIER

Ancien notaire.

A publié :

Commentaire de l'article 8 de la loi de ventôse an XI. (*Revue du Not.*, 1872, n° 4325.)

Du Privilège du vendeur en matière de cession d'offices. (*Revue du Not.*, 1873, n°ˢ 4594 et 4651.)

Revue critique de la jurisprudence : Donation entre époux; calcul des droits de l'époux donataire. (*Revue du Not.*, 1875-76, n°ˢ 5289 et 5302.)

CHARTIER (Alain)

Notaire et secrétaire des rois Charles VI et Charles VII.

La plus grande renommée littéraire du xvᵉ siècle.

Poëte et prosateur. On disait de lui qu'il « était un des plus beaux esprits et des plus laids hommes de son temps ».

Les œuvres d'Alain Chartier, revues et corrigées, contenant : *l'Histoire de son temps*, *l'Espérance* (1428), *le Curial* (1430), *le Quadriloge invectif* (1422), et autres pièces, toutes nouvellement réunies, corrigées et de beaucoup augmentées sur les exemplaires écrits à la main, ont été publiées par André Duchesne. — Paris, 1617.

Cette édition est préférable pour l'exactitude du texte ; mais on en a exclu : *les Demandes d'amour*, *le Débat du Gras et du Mègre*, *la Belle Dame sans mercy*, *Bréviaire des nobles*, *le Débat de Réveil-matin*, fait et composé par maître Alain Chartier, de « Deux Compagnons couchés en ung lict, dont l'un y estoit amoureux et l'autre vouloit dormir, etc. »

Pour tout ce qui concerne la vie et les ouvrages d'Alain Chartier, on peut consulter : Brunet, *Manuel du Libraire* ; Du Verdier, *Bibliogr. franç.* ; Michaud, *Biogr. univers.* ; Didot, *Biogr. univers.* ; Etienne Pasquier, *Recherches de la France*, l. VI, ch. xvi ; Baillet, *Jugements des savants*, t. IV, et surtout *l'Étude bibliographique sur Alain Chartier*, de Mancel, (Bayeux 1849, in-8°), où se trouve la liste complète des ouvrages de cet écrivain et des diverses éditions publiées.

CHATEAU

Ancien notaire.

A publié :

Dissertation sur le droit de propriété des offices, sur le droit de présentation et sur le privilège du prédéces-

seur, en cas de destitution du titulaire de l'office.
— Chartres, 1856, broch. in-8°.

CHATOT

Ancien notaire à Matour (*Saône-et-Loire*).

A publié :

La Question agricole, à propos de l'enquête. — Paris,
1867, broch. in-8°.

Dans ce travail, rédigé avec une profonde connaissance de
la matière, l'auteur examine successivement les causes des
souffrances de l'agriculture, le manque de crédit, le défaut
d'instruction agricole, les charges de l'intérêt, de l'impôt foncier, etc., et il indique les réformes qui pourraient être ac-
complies.

CLARARD

Ancien notaire à Firminy (*Loire*).

Membre du Comité des notaires des départements.

A publié :

Études sur le ressort des notaires. 1874-75. Broch.
gr. in-8°.

Étude sur l'application de l'article 1690 Cod. civ., ou
de la nécessité de faire signifier les cessions de droits
successifs aux débiteurs de la succession et aux

cohéritiers du cédant. (*Journ. du Not.*, 1875, n° 2868.)

Notice biographique sur M. Guicherat, ancien notaire à Fontanes (Loire). — Firminy, 1880. Broch. in-18.

CLERC (Édouard)

Ancien notaire à Besançon (*Doubs*).

Ancien président de la Chambre des notaires de Besançon, ancien membre du Comité des notaires (1853); un des auteurs les plus suivis et les plus justement estimés dans la pratique notariale.

A publié :

Observations sur le droit de propriété et de transmission des offices, présentées par les notaires de l'arrondissement de Besançon. 1839, in-8°.

Théorie du notariat, pour servir aux examens de capacité. — Paris, 1846, in-8°.

Une deuxième édition a paru en 1853. La cinquième et dernière date de 1875.

Traité théorique et pratique, ou *Formulaire* général et complet du notariat, avec un *commentaire* de la loi de ventôse par *Armand Dalloz*, et un *Traité* de la reponsabilité notariale de Ch. Vergé. — Paris, 1856, 2 vol. in-8°.

Une sixième édition a été publiée en 1872.

Traité général du Notariat et de l'Enregistrement :

Première partie, *Notariat*. — Paris, 1861, 2 vol.
in-8°. Deuxième partie, *Enregistrement*. — Paris,
1856, 2 vol. in-8°.

Une troisième partie, qui devait comprendre le *droit civil*,
n'a pas été publiée.
La deuxième édition de cet ouvrage, avec un supplément
comprenant les nouvelles lois fiscales, annotées par Amiaud, a
paru en 1880. — Paris, Larose; 4 vol. in-8°.

COLLET (JULIEN)

Ancien notaire.

A publié :

Du NOTARIAT, *considéré dans ses rapports avec les tribunaux et la magistrature.* — Paris, 1857, in-8°.

COMITÉ DES NOTAIRES

DES DÉPARTEMENTS (1840-1880).

Constituée dans l'Assemblée générale des délégués
du 30 novembre 1841, la Conférence générale du notariat des départements, fondée tout d'abord pour com-
battre certaines tentatives qui, en 1839 et 1840, mena-
çaient la propriété des offices, est devenue le Comité

central des notaires des départements, qui fonctionne, à Paris, depuis le 10 août 1848, et dont la mission, aux termes de l'article 1er des statuts, est de :

« Traiter et faire résoudre toutes les questions d'intérêt général pour le notariat; de prêter appui à tout notaire dont la cause soulèverait une question de cette nature; de défendre l'institution en toutes circonstances; de produire et de publier des mémoires, de donner une bonne direction au notariat; enfin, d'établir un lien d'unité entre tous les membres de la corporation. »

Ce Comité a été reconnu d'utilité publique, par un décret du second Empire.

Composé primitivement de neuf membres, puis de quinze, il doit avoir, d'après sa dernière organisation, dix-huit membres actifs, élus en Assemblée générale par les délégués des Compagnies adhérentes.

Ces membres peuvent être choisis parmi les notaires en exercice, notaires honoraires ou anciens notaires.

Il y a des membres honoraires.

Ce Comité a déjà rendu d'importants services à l'institution; nous devons rappeler les principales circonstances dans lesquelles son action s'est exercée :

Il est intervenu au sujet de l'ordonnance disciplinaire de 1843 et de la loi sur la présence réelle du second notaire et des témoins.

Il a fourni des documents considérables, lors de la discussion des lois de réforme hypothécaire et il a contribué à d'heureuses modifications dans les lois sur les ordres judiciaires, sur les hypothèques légales et sur la transcription hypothécaire.

Il a obtenu, par son intervention auprès des tribunaux, la consécration de principes essentiels pour l'intérêt général comme pour le notariat; nous rappellerons seulement quelques questions : celle des reprises de la femme renonçante, de la radiation de l'inscription d'hypothèque légale du créancier subrogé, etc.

Il est incontestable qu'il a beaucoup fait pour la corporation; il eût pu faire bien davantage, si sa mission n'eût pas été aussi étroitement limitée par ses statuts, si surtout la composition du Comité ne se fût pas restreinte, dans des proportions presque toujours excessives, aux délégués du ressort de la Cour de Paris[1], et si son action avait alors pu s'étendre sur la corporation tout entière, dont une grande partie, le Centre, l'Est et le Sud, reste indifférente à son appel et n'est point représentée aux assemblées générales annuelles. Son influence ne sera vraiment efficace et éclairée, que lorsque toutes les Compagnies de France seront en communication réelle et fréquente avec le Comité et ne formeront, grâce à lui, qu'une seule et même famille, fortement unie pour le bien de la société et du notariat[2].

Quoi qu'il en soit, nous ne saurions, dans une *Biblio-*

1. Onze membres sur vingt-neuf appartiennent, à cette heure, au ressort de cette cour.

2. Consulter le très intéressant rapport de M. Fournier sur les travaux du comité, de 1840 à 1861. (Circulaires, t. III, p. 171.)

graphie du notariat, passer sous silence ni surtout les noms des membres qui ont eu l'heureuse initiative de la fondation du Comité, ni ceux qui en ont fait partie depuis sa fondation, ni les travaux élaborés et publiés par ce Comité.

L'idée première de la conférence émane de trois notaires du ressort de la cour de Caen,

MM. :

Hubert, notaire à Argentan (Orne);
Durand, notaire à Caen (Calvados);
Et Langlois, notaire à Valogne (Manche);

qui provoquèrent la réunion de notaires qui eut lieu, à Caen, le 12 septembre 1841.

La première assemblée générale des délégués se tint ensuite, à Paris, le 30 novembre 1841; elle nomma une commission centrale, composée de

MM. :

Péclet, notaire à Évreux;
Daufresne, notaire à Lisieux (Calvados);
Jozon, notaire honoraire à Corbeil;
Jeannest-Saint-Hilaire, notaire à Brunoy;
Habert, notaire honoraire à Montfort-l'Amaury;
Fouin, secrétaire;
Lévêque, notaire à Mantes;
Goubereau, notaire à Cosne (Nièvre);
Menigot, notaire à Villeneuve-le-Roi (Yonne);
Hubert, notaire à Alençon (Orne);

Cottin, notaire à Mortagne (Orne);

Hébert, notaire, à Rouen;

Lebourgeois, notaire au Havre;

Benoist, notaire à Lizy-sur-Ourcq (Seine-et-Marne) ;

Fabry, notaire à Verdun (Meuse) ;

Blerzy, notaire à Rozoy (Seine-et-Marne);

Hérault, notaire à Saint-Brieuc (Côtes-du-Nord);

Cabour, notaire à Doullens (Somme);

Niay, notaire à Sains (Aisne) ;

Simon, notaire à Metz (Moselle) ;

Genty, notaire honoraire à Orléans;

auxquels furent adjoints, plus tard,

MM. :

Lechevallier, notaire à Beauvais (Oise);

Bardy, ancien président de la Chambre des notaires de
Limoges ;

Frérot, notaire à Sézanne (Marne);

Chenu, notaire à Melun.

En 1848, par suite de la reconstitution de la conférence en Comité central, le Comité fut composé de

MM. :

Jozon, notaire honoraire à Corbeil, chevalier de la
Légion d'honneur, *président* (1850-58) ;

Duval, notaire à Vernon, ancien président de la Chambre
des notaires d'Évreux, chevalier de la Légion d'honneur, *vice-président;*

Jeannest-Saint-Hilaire, notaire à Brunoy, ancien prési-

dent de la Chambre des notaires de Corbeil, chevalier
de la Légion d'honneur, *rapporteur ;*

Baget, notaire à Neauphle-le-Château, ancien président
de la Chambre des notaires de Rambouillet, *trésorier ;*

Daufresne, notaire à Lisieux, membre du Comité ;

Vuillemot, notaire à Vervins, *id. ;*

Chenu, notaire à Melun, *id. ;*

Couturat, notaire à Troyes, *id. ;*

Lebrun, notaire à Charost (Cher), *id. ;*

Et Vandal, *secrétaire* du Comité.

Ont ensuite successivement fait partie du Comité,

MM. :

Besançon, notaire à Poissy (Seine-et-Oise), ancien président de la Chambre des notaires de Versailles,
ancien représentant à l'Assemblée constituante;

Fabry, notaire à Verdun (Meuse);

Marcel, notaire au Havre (Seine-Inférieure), ancien président de la Chambre des notaires du Havre, chevalier de la Légion d'honneur ;

Lechat, notaire à Villiers-le-Bel (Seine-et-Oise), ancien
président de la Chambre des notaires de Pontoise, chevalier de la Légion d'honneur;

Garnier, notaire à Vassy (Haute-Marne), ancien président de la Chambre des notaires de Vassy ;

Rouge, notaire à Ham (Somme);

Van Troyen, membre de la Chambre des notaires de
Saint-Omer ;

Villiers, notaire à Clamecy, ancien président de la

Chambre des notaires de Clamecy (Nièvre), chevalier de la Légion d'honneur ;

Drappier, notaire à Sedan, ancien président de la Chambre des notaires de Sedan, ancien membre de l'Assemblée constituante ;

Desrousseaux, président de la Chambre des notaires de Lille, chevalier de la Légion d'honneur ;

Chambert, ancien président de la Chambre des notaires de Tours, chevalier de la Légion d'honneur ;

Le Menuet, notaire à Corbeil, ancien président de la Chambre des notaires de Corbeil et *secrétaire* du Comité ;

Édouard Clerc, ancien président de la Chambre des notaires de Besançon ;

Niobey, notaire à Bayeux, ancien président de la Chambre des notaires de Bayeux, chevalier de la Légion d'honneur ;

Marcel (Léopold), notaire honoraire à Louviers, ancien président de la Chambre des notaires de Louviers ;

Duclerfays, ancien président de la Chambre des notaires de Douai ;

Cloquemin, ancien président de la Chambre des notaires de Châteauroux, chevalier de la Légion d'honneur ;

Girardin, ancien notaire à Versailles, ancien président de la Chambre des notaires de Versailles ;

Nottin, ancien notaire à Choisy-en-Brie, ancien président de la Chambre des notaires de Coulommiers, chevalier de la Légion d'honneur ;

5

Rousseau, ancien président de la Chambre des notaires de Dreux ;

Suin, ancien notaire à Soissons, ancien président de la Chambre des notaires de Soissons ;

Fournier, ancien notaire à la Rochelle, ancien président de la Chambre des notaires de la Rochelle, chevalier de la Légion d'honneur, *président* actuel du Comité ;

Damoye, ancien notaire à Nemours, ancien président de la Chambre des notaires de Fontainebleau ;

Buée, ancien notaire à Elbeuf, ancien président de la Chambre des notaires de Rouen, ancien député, officier de la Légion d'honneur ;

Moreau, ancien notaire à Saint-Omer, ancien président de la Chambre des notaires de Saint-Omer ;

Ménager, ancien notaire à Sèvres, ancien président de la Chambre des notaires de Versailles, *ancien président* du Comité ;

Dujardin, ancien notaire à Mulhouse, ancien président de la Chambre des notaires de Mulhouse ;

Virely, ancien notaire à Dijon, ancien président de la Chambre des notaires de Dijon ;

Maître-Dévallon, ancien notaire à Chambly, ancien président de la Chambre des notaires de Senlis ;

Roissard, ancien notaire à Chambéry, ancien président de la Chambre des notaires de Chambéry ;

Braine, notaire à Arras, ancien président de la Chambre des notaires d'Arras ;

Jémot, notaire à Épernay (Marne) ;

Maireau, notaire à Reims, ancien président de la
    Chambre des notaires de Reims ;

Meunier, ancien notaire à Pithiviers, ancien président
    de la Chambre des notaires de Pithiviers ;

Boiscourbeau, ancien notaire à Nantes, ancien prési-
    dent de la Chambre des notaires de Nantes ;

Bougère, notaire à Angers, ancien président de la
    Chambre des notaires d'Angers ;

Cesbron, ancien notaire à Poitiers, ancien président de
    la Chambre des notaires de Poitiers, membre de la
    Chambre des députés ;

Besnus, notaire à Conflans-Sainte-Honorine, ancien
    président de la Chambre des notaires de Versailles,
    vice-président actuel du Comité ;

Desmazières, notaire à Armentières, ancien président
    de la Chambre des notaires de Lille ;

Lorin, notaire à Savigny-sur-Orge, ancien président de
    la Chambre des notaires de Corbeil ;

Daveluy, notaire à Étampes, ancien président de la
    Chambre des notaires d'Étampes.

Laffrat, ancien notaire à Villeneuve-sur-Yonne, ancien
    président de la Chambre des notaires de Joigny ;

Dournel, notaire à Amiens, ancien président de la
    Chambre des notaires d'Amiens ;

Clarard, notaire honoraire à Firminy (Loire).

Le secrétaire du Comité est M. Salmon, avocat à la
Cour d'appel de Paris, bien connu par ses intéressants
travaux d'*archéologie historique*.

Le Comité publie d'ordinaire trois circulaires par

année ; dans ces circulaires sont relatés les travaux effectués et l'état des questions administratives ou judiciaires poursuivies par le Comité. Il publie en outre, dans des circulaires séparées, les travaux extraordinaires préparés par ses membres.

En 1869, deux volumes ont été publiés, reproduisant les mémoires et circulaires de 1840 à 1859. — Paris, Cusset, rue Racine.

En 1879, un troisième volume a paru, comprenant les mémoires et circulaires de 1859 à 1866.

Deux autres volumes doivent prochainement paraître ; ils iront jusqu'en octobre 1877 et doivent contenir les noms des délégués envoyés par les diverses compagnies depuis 1840.

CORMIER (Pierre-Théophile)
Ancien notaire.

A publié :

Essai sur le notariat. — Paris, 1824, in-8°.

CORNET (P.-J.)
Ancien notaire à Gray (Haute-Saône).

Ancien président de la Chambre des notaires de Gray.

A publié :

Statuts et Règlement pour les notaires de l'arrondissement de Gray, contenant le texte de la loi de Ventôse, de l'arrêté du 2 Nivôse an XII, etc... et, pour chaque article, le rapprochement des lois nouvelles, avis du Conseil d'État, décrets, ordonnances, arrêts, décisions ministérielles et opinion des auteurs. — Gray, 1823. Un vol. in-8°.

CORROZET (Estienne)

Ancien notaire et garde-notes du Châtelet de Paris, 1637 à 1666.

On a de lui :

L'*Office et Practique des notaires,* contenant les divers contrats et actes plus notables dépendant dudit office auxquels, chacun selon sujet, a été adjousté plusieurs décisions et arrêts de la Cour, intervenus sur l'exécution et en conséquence d'iceux. — Paris, 1558.

Une deuxième édition, plus complète, a été publiée en 1665.

COSTON (Adolphe, baron de)

Notaire à Montélimar (*Drôme*).

Ancien receveur de l'Enregistrement; ancien président de la Chambre des notaires de Montélimar; membre titulaire de la Société d'archéologie et de statistique de la Drôme.

A publié :

Origine, étymologie et *signification* des noms propres

d'hommes et des armoiries. — Montélimar, 1867, in-8° de 464 pages.

Étymologie des noms de lieux du département de la Drôme. 1872, in-8° de 270 pages.

Les Arpad et *les Crouy-Chanel.* 1863. Broch. in-8° de 64 pages.

Les Crouy-Chanel et *leurs adulateurs,* réponse à M. Germain Sarrut, 1864. Brochure in-8° de 70 pages.

L'auteur a voulu démontrer, dans ces deux brochures, la fausseté des actes et de la généalogie de la famille Chanel de Grenoble, connue aujourd'hui sous le nom de Crouy-Chanel, dont les membres se prétendent issus de la race des *Arpad,* qui a régné pendant plusieurs siècles en Hongrie, et prennent le titre de princes de Crouy-Chanel de Hongrie.

Histoire de Montélimar et des principales familles qui ont habité cette ville. — Montélimar, 1878, grand in-8° de 534 pages.

C'est une œuvre de grande érudition, un véritable monument érigé à la gloire de la ville de Montélimar. Archives municipales, minutes des notaires, livres de science, documents anciens et modernes de toute sorte, M. de Coston a tout fouillé, tout lu, tout consulté. L'ouvrage aura trois volumes. Le premier, seul publié, va jusqu'au xv° siècle. Le second doit paraître en 1881.

COTHEREAU (Philippe)

Ancien notaire au Châtelet de Paris.

Fut, avec *Jean Lévesque, Pierre Richer,* tabellion de

Suresnes, *Colleret, Landry* et *Lafrangue,* un des six notaires qui concoururent à la revision de la *Coutume de Paris,* en 1580.

A publié :

LA THÉORIQUE ET PRATIQUE *des notaires.* — Paris, 1627, in-8°,

Une quatrième édition a paru en 1632.

Cet ouvrage, qui existe à la bibliothèque de l'Arsenal, à Paris, contient, entre autres pièces intéressantes, les contrats de mariage de plusieurs princes et princesses de la Maison de France.

COUPELON

Ancien notaire

A publié :

TABLEAU *des différentes manières d'acquérir la propriété.* — Paris, 1873, in-8°.

CRETON

Ancien notaire.

A publié :

ORIGINE *des Statuts matrimoniaux, de communauté et dotal.* Comparaison des deux régimes et commentaire de l'art. 46 de la loi du 2 juillet 1862, relatif à l'em-

ploi et au remploi des biens dotaux en rentes sur
l'État. — Dieppe, 1864, in-8° de 31 pages.

DAMOYE

Ancien notaire à Nemours (*Seine-et-Oise*).

Ancien président de la Chambre des notaires de Fon-
tainebleau; notaire honoraire; membre du Comité des
notaires.

A publié :

Du Projet de tarif des actes notariés. (*J. du Not.,* 1855,
n° 1061.)

Questions hypothécaires : *Dissertation* sur l'application de la loi du 23 mars 1855 ; De l'Inscription des
hypothèques légales. — Fontainebleau, 1857; Broch.
in-8° de 15 pages, et *J. du Not.,* 1856, n° 1145.

Dissertation sur les obligations des conservateurs en
matière de délivrance d'états d'inscriptions. (*J. du*
Not., 1857, n° 1233.)

La Taxe des actes notariés est-elle d'ordre public? —
Paris, 1868; Broch. in-8° de 16 pages.

Rapport sur le taux de l'intérêt de l'argent. — Paris,
1871; Broch. in-8° et *J. du Not.,* 1874, n°ˢ des 12 et
16 déc.

Compte rendu d'un Projet de tarif légal et uniforme
des actes notariés, par M. *Amiaud,* notaire à Vars,

président de la Chambre des notaires d'Angoulême. — Paris, 1875; Broch. in-8° et *J. du Not.*, 1875, n⁰ˢ 2840 et suiv.

RAPPORT sur le Privilège du Vendeur, de ses héritiers et ayants droit, en matière de cession d'office. (*Circulaires du Comité* du notariat, 1877, n° 160.)

DARES
Ancien notaire.

A publié :

TRAITÉ *sur le Régime dotal,* in-8°. (Sans date connue.)

DAULNOY
Ancien notaire à Toul (*Meuse*).

Ancien président de la Chambre des notaires de Toul.

A publié :

PÉTITION au Sénat *sur la renonciation à hypothèque légale* de la femme du vendeur. — Toul, 1869; Broch. in-8° de 15 pages.

6

DEFONTAINE

Ancien notaire à Lille (*Nord*).

A publié :

ÉTUDE sur les rapports internationaux des États du Nord, 1864, in-8°.

Ce travail a valu à son auteur d'être fait *chevalier* de l'ordre de Léopold, de *Belgique.*

DELACODRE

Ancien notaire à Caen (*Calvados*).

Notaire honoraire.

A publié :

Le Notaire. — Caen, 1839, in-18.

DELACOUR

Ancien notaire.

A publié :

De l'Application de l'art. 41 de *la loi du 25 ventôse an XI.* — Paris, 1839, in-8°.

DELAMONTRE

Ancien notaire.

A publié :

Traité *du prêt sur hypothèque.* 2ᵉ édition, suivie d'un
mode de garantie pour le payement exact des intérêts, renfermant le mode de prêt par voie de vente à
reméré et contenant les formules de toute espèce
d'actes en matière de prêt sur immeubles. — Paris,
1847, in-8°.

Cet ouvrage, clair et pratique, s'adresse spécialement aux
notaires et aux bailleurs de fonds. La première édition a été
publiée en 1835.

DELAPALME (Adolphe)

Ancien notaire à Paris.

*Notaire honoraire, ancien député au Corps législatif,
chevalier de la Légion d'honneur.*

Prit une part active à la discussion de la loi de 1855,
sur *la transcription hypothécaire.*

A publié :

Observations sur la loi du 23 mai 1855. — Paris,
1855; Broch. in-8°.

DELARUE
Ancien notaire à Paris.

Est l'auteur de :

Offices et *Pratiques* des notaires. (Sans date connue,
cité par Jeannest-Saint-Hilaire, *Du notariat,* p. 18.)

———

DELMAS DE TERREGAYE (P.)
Ancien notaire.

A publié :

PRÉCIS ALPHABÉTIQUE *de la science notariale,* contenant
la définition des mots, la formule de tous les actes
notariés et la solution d'environ 4,000 questions de
droit. — Limoges et Paris, 1820, in-8°.

Simple compilation, sous forme de *dictionnaire,* des connaissances élémentaires les plus utiles aux notaires, mais qui n'a
plus aujourd'hui qu'un intérêt rétrospectif.

———

DERANT
Notaire honoraire.

Homme de science et de haute intelligence.

A écrit :

Des Rapports des notaires avec la magistrature. Broch.
in-8°. (Sans date connue.)

Travaillait, lorsqu'il est mort, à une publication importante restée inachevée : *des Droits et des Devoirs du notaire.*

DESPREZ

Ancien notaire à Paris.

Doyen honoraire de la Compagnie.

Exerça le notariat à Paris, de 1812 à 1866, c'est-à-dire pendant cinquante-quatre ans ! fut membre de la Chambre pendant trente ans, quatre fois secrétaire, dix fois syndic, quatre fois président. Fut nommé chevalier de la Légion d'honneur en 1846, officier en 1854, *commandeur* en 1862. Président et protecteur de plusieurs sociétés de bienfaisance.

Toute l'existence de Desprez, consacrée exclusivement au notariat et au bien public, si dignement, si activement remplie, peut se résumer en quatre mots, qui étaient sa règle de conduite : Vertu et honneur, travail et probité. (*Art. nécrolog.*)

Nommé, en 1840, par le gouvernement, membre de la commission chargée d'élucider la question des offices, Desprez contribua puissamment à maintenir les principes posés par la loi de 1816. Il collaborait au *Journal des notaires et des avocats* depuis 1810 ; a aussi rédigé plusieurs articles importants du *Dictionnaire du Notariat.*

DIDIO (D.)

Ancien notaire.

A publié :

Prescription et péremptions. De la suspension des délais
de prescription, de déchéance et de péremption pendant la guerre. (*Revue du Not.*, 1873, p. 295 à 302,
et 445 à 458.)

Prescription et péremptions. Distinction entre les délais
échus pendant la guerre et ceux échus ou à échoir
postérieurement. (*Revue*, 1874, p. 641-646.)

De la forme des actes respectueux. (*Revue*, 1875,
p. 401-413.)

Une femme peut-elle se rendre incapable de cautionner
son mari? (*Revue*, 1876, p. 340.)

———

DOUARD

Ancien notaire.

A publié :

Des Notaires dans les campagnes, in-8°. (Sans date
connue.)

———

DOURNEL

Notaire à Amiens (*Somme*).

Ancien président de la Chambre des notaires d'Amiens; membre du Comité des notaires.

A publié :

CODE-MANUEL à l'usage des notaires de l'arrondissement d'Amiens. — Amiens, 1859, in-8°.

DES BOURSES DE TRAVAIL et des associations populaires et économiques d'alimentation et de consommation, ou Étude des moyens de procurer aux employés et aux ouvriers des places, du travail et la vie à meilleur marché, spécialement à Amiens. — Amiens, 1879, in-4°.

DUBOS

Ancien notaire.

A publié :

Inscriptions latines et françaises, in-8°. (Sans date connue; cité par Jeannest-Saint-Hilaire, p. 18.)

DUCLOS

Ancien notaire à Rennes (*Ille-et-Vilaine*).

Ancien député d'Ille-et-Vilaine.

Prit une part active à la discussion de la loi du 23 mars 1855 et des projets de loi portant fixation du budget de l'exercice 1863 ;

Porta la parole sur l'art. 14 relatif au second dixième de l'enregistrement, et développa avec énergie les divers amendements qu'il avait présentés dans le sein de la Commission, notamment celui qui avait pour but de soumettre à l'enregistrement, dans la quinzaine de leur date, tous les actes sous signatures privées portant transmission ou attribution de propriété ou d'usufruit de biens, meubles ou immeubles, les baux à ferme ou à loyer, etc.

Les discours très substantiels, très nourris de faits et très instructifs, prononcés à cette occasion par M. Duclos, ont été publiés *in extenso* dans le *Moniteur* du 25 juin 1862 et dans une brochure spéciale. — Paris. 1862, in-8° et *J. du Not.*, 1862, n° 1750.

DUCRUET

Notaire à Lyon (*Rhône*).

Ancien président de la Chambre des notaires de Lyon.

A publié de nombreux travaux, tous relatifs à des questions de pratique notariale, notamment :

LETTRE au *Journal des Notaires* sur *la responsabilité* des notaires. (Janvier 1850.)

OBSERVATIONS sur les Formules de patentes appliquées aux fonctions de notaire. (*J. du Not.*, 1851, n° 655.)

OBSERVATIONS sur l'obligation imposée au notaire de faire taxer les frais avant toute demande en justice. (*J. du Not.*, 1855, n° 1043.)

ÉTUDES *sur les difficultés que présente l'application de la loi du 23 mars 1855.* — Lyon, 1856, in-8°.

Suite des Études. 2 brochures publiées à Lyon, en 1866, in-8° de 19 et 23 pages.

Ces études sont un des meilleurs ouvrages qui aient été publiés sur la loi de 1855 ; aussi ont-elles été rapidement épuisées, et le notariat regrette que l'auteur n'en ait pas fait une seconde édition, en la mettant au courant de la doctrine et de la jurisprudence.

DISSERTATION sur le Mode d'inscription à prendre par les subrogés à l'hypothèque légale d'une femme mariée. (*J. du Not.*, 1856, n° 1195.)

DISSERTATION sur le Privilège du vendeur d'immeubles (*J. du Not.*, 1857, n° 1200.)

OBSERVATIONS sur la taxe des actes notariés (*J. du Not.*, 1857, n° 1276.)

DISSERTATION sur une application de l'art. 555 C. c. (*J. du Not.*, 1857, n° 1287.)

DISSERTATION sur quelques questions d'enregistrement. (*J. du Not.*, 1857, n°ˢ 1315 et 1316.)

DISSERTATION sur l'intérêt des avances faites par les notaires. (*J. du Not.*, 1858, n° 1344.)

OBSERVATIONS sur l'application de l'art. 46 de la loi de finance du 2 juillet 1862, qui autorise l'emploi en rentes sur l'État (*J. des Not. et des Avoc.*, 1862, p. 577.)

CONTRATS DE MARIAGE. — Clause de franc et quitte. (*Revue du Not.*, 1864, n° 959.)

DISSERTATION sur la question de savoir si un conservateur des hypothèques est fondé à refuser d'opérer l'inscription d'une hypothèque conventionnelle sur la représentation de la minute de l'acte constitutif de la créance. (*Journal des Notaires et des Avocats*, 1865, art. 18287.)

ÉTUDE sur la Réforme du système hypothécaire. — Paris, 1867, in-4°.

DE L'HYPOTHÈQUE sur les parts indivises des immeubles. Cession de la soulte ou du prix de la licitation. (*Revue du Not.*, 1867, n° 1672.)

Étude sur les Réformes à apporter au régime hypothécaire et aux conditions de la transmission des
immeubles. (*J. du Not.*, 1868, n°s 2224, 2225 et
2226.)

Des Donations entre époux mariés sous le régime
dotal, pendant le mariage. (*J. des Not. et des Avoc.*,
1878, art. 21927.)

_____

DUFRESNE

Ancien notaire.

A publié :

Éléments de la perception des droits d'enregistrement. — Paris, 1861, in-8°.

_____

DUJARDIN

Notaire à Neuilly (*Seine*).

*Docteur en droit, ancien notaire à Mulhouse, ancien
président de la Chambre des notaires de Mulhouse.*

Fut, après la guerre franco-allemande, un des délégués chargés de défendre auprès du Gouvernement
allemand les intérêts des notaires d'Alsace-Lorraine,

Fit partie quelques années du *Comité* des notaires.

A publié :

Des Rapports du Notariat avec le Crédit foncier. (*J. du Not.*, 1860, n° 1534.)

OBSERVATIONS sur la question de savoir si les Chambres ont le droit de soumettre les premiers clers à un examen de capacité. (*J. du Not.*, nos des 26 déc. 1866 et 16 janvier 1867.)

ÉTUDE HISTORIQUE sur la transformation subie par le notariat en Alsace-Lorraine. (*Revue du Not.*, 1872, nos 4405, 4428, 4449.)

DISSERTATION sur la Renonciation de la femme à son hypothèque légale au profit de l'acquéreur des biens du mari ou de la communauté. (*J. du Not.*, 1869, nos 2376, 2377, 2378, 2379.)

Étude excellente, que nous recommandons tout spécialement à ceux qui veulent approfondir l'importante question examinée par notre ancien confrère.

———

DUMANOIR (H.–M.)

Ancien notaire.

A publié :

ÉTUDE sur les acquisitions successives de portion de l'immeuble indivis par l'époux co-propriétaire. — Caractère de ces acquisitions. (*J. du Not.*, 1879, n° 3175.)

ÉTUDE *sur la purge des hypothèques légales.* (*J. du Not.*, 1879, n° 3194.)

Du partage entre cohéritiers; effets de la Rescision pour cause de lésion vis-à-vis des tiers. Désistement du droit de suite. (*J. du Not.*, 1879, n° 3215.)

ÉTUDE *sur la compétence des conseils de famille* en matière de curatelle. (*J. du Not.*, 1879, n° 3256.)

DUPONT

Notaire à Niort (*Deux-Sèvres*).

Ancien président de la Chambre des notaires de Niort.

Est l'auteur de :

RAPPORT *sur la situation du notariat* dans l'arrondissement de Niort. — Niort, 1878; broch. gr. in-8° de 123 pages. (Non dans le commerce.)

Ce rapport est l'histoire fort intéressante et très complète du notariat dans l'arrondissement de Niort, depuis la loi du 25 ventôse an XI. Un pareil travail devrait exister dans les archives de toutes les Chambres de notaires, et l'*étude* de M. Dupont est digne, à tous égards, de servir de modèle.

DUPUIS (N.-A.)

Ancien notaire.

A publié :

ESSAI *sur le Notariat,* dédié à M. Massé, notaire honoraire à Paris. — Paris et Senlis, 1820, in-8°.

DUVAL

Ancien notaire à Vernon (*Eure*) — 1838-1852.

*Notaire honoraire, ancien président de la Chambre des
notaires d'Évreux, ancien vice-président du Comité
(1859), vice-président honoraire, chevalier de la Légion
d'honneur (1864).*

A publié :

OBSERVATIONS sur la Réforme hypothécaire; Purge
des hypothèques légales. (*J. du Notariat,* 1851,
n° 653.)

NOUVELLES OBSERVATIONS sur la Purge des hypothèques
légales. (*J. du Not.,* 1851, n°s 668, 678 et 680.)

A toujours pris une part très active aux travaux du
Comité. Les circulaires contiennent de nombreuses
études dues à la plume de M. Duval; nous citerons
notamment celles sur *la Réforme projetée de la procédure des ventes judiciaires* (1859-1869 et suiv.).

EYDOUX

Ancien notaire à Carpentras (*Vaucluse*).

A publié :

De la Nécessité d'une réforme dans la législation des Cours d'eau non navigables ni flottables. — Paris, 1861. Broch. in-8°.

FABRE

Ancien notaire.

A publié :

Loi du 25 ventôse an XI, sur le notariat, annotée et conférée avec les lois antérieures et postérieures. — Avignon, 1824, in-8°.

FABRE (EURYALE)

Ancien notaire à Clermont-Ferrand (*Puy-de-Dôme*).

Ancien président de la Chambre des notaires, membre de l'Académie des sciences, arts et belles-lettres de Clermont.

A publié :

PÉTITION sur le tarif des actes notariés à la Chambre des députés. 1862, in-8°.

De l'Origine et de l'Institution du notariat.— Clermont,
    1849; broch. in-8º de 89 pages. (*J. du Not.,* 13 juin
    1849 et suiv.)

OBSERVATIONS sur la réforme projetée du régime hypo-
    thécaire français. — Clermont, 1845; brochure in-8º
    de 88 pages.

Des précautions à prendre pour éviter les homonymies
    et les conformités de noms dans les états d'inscrip-
    tions. (*Revue du Not.,* 1861, nº 185.)

De la Substitution fidéi-commissaire dans la démocratie.
    ÉTUDE lue à l'Académie des sciences, belles-lettres
    et arts de Clermont. — Clermont, 1864; brochure
    in-8º de 21 pages.

FABRY

Notaire honoraire à Verdun (*Meuse*).

A exercé le notariat à Verdun pendant près de trente
ans. Plusieurs fois élu président de sa compagnie, il fut
l'un des fondateurs du *Comité* des notaires du département, dont il fit partie jusqu'en 1852.

Travailleur infatigable, notaire aussi modeste que
distingué, Fabry n'a rien publié, mais il a pris une part
active aux importants travaux de la conférence des notaires de 1841 à 1848 et a laissé à la Chambre des notaires de Verdun trois volumes manuscrits sur le *Tabellionage du Verdunois.* A ces divers titres son nom devait

figurer dans cette bibliographie et restera cher au Notariat français.

FELICE (ÉMILE)
Ancien notaire.

A publié :

Horace. *Satires* et *Ier livre des Épîtres ;* traduction en vers français. — Paris, 1867, in-18.

FEUILLERET (L.)
Ancien notaire.

Ancien professeur de notariat.

A publié :

École théorique et pratique *du notariat.* — Paris, 1840, 4 vol. in 8°.

Pétition à l'Assemblée nationale, pour obtenir la création d'Écoles notariales. — Paris, 1848. Broch. in-8°.

FLEURY
Ancien notaire à Paris.

A publié :

Manuel *pratique du notariat.* — Paris, 1813, in-8°.

FLEURY (FREDÉRIC)

Ancien notaire à Saint-Cosme (*Sarthe*).

A publié :

OBSERVATIONS *sur la propriété des offices.* (*Journ. du Not.*, 1853, nᵒ 877.)

FOURNIER (CHARLES)

Notaire honoraire à la Rochelle (*Charente-Inférieure*).

Ancien président de la Chambre des notaires de La Rochelle, ancien député, chevalier de la Légion d'honneur, officier d'Académie, président du Comité des notaires depuis 1877.

A publié :

ÉLÉMENTS de comptabilité et de tenue des études de notaires ; des Tarifs des honoraires et des prix de cession des offices. — Paris, 1854, in-8ᵒ de 105 pages.

Membre du *Comité* des notaires depuis 1858, M. Fournier en a été, depuis cette époque, un des membres les plus utiles et les plus actifs. Parmi les travaux qui lui sont dus, nous nous contenterons de citer : RAPPORT sur l'historique du Comité des notaires des départements, et ses travaux depuis sa fondation jusqu'en 1861. (Circulaire du Comité, nᵒ 97. — 63 p.)

Travail très complet, très intéressant et rédigé avec un remarquable talent d'exposition.

GAILLARD (A.)

Ancien notaire.

A publié :

MANUEL ALPHABÉTIQUE *des notaires et des aspirants au notariat.* — Paris, 1844, in-8°.

GALLAND

Ancien notaire.

A publié :

CODE EXPLIQUÉ *des transferts, mutations et conversions des valeurs de Bourse.* — Paris, 1868, in-8°.

Cet ouvrage, essentiellement pratique, ne contient pas seulement l'exposé de la législation et de la jurisprudence sur la matière, mais il fournit encore tous les renseignements nécessaires pour réaliser une mutation de valeurs quelconque. Il est indispensable aux praticiens, qui y trouveront aussi de nombreuses formules applicables aux divers cas qui peuvent se présenter.

GANTHIER

Ancien notaire à Mérignac (*Charente*).

Professeur de notariat à Paris.

A publié :

Les *Tableaux synoptiques du notariat.* Huit tableaux,

dont deux par l'auteur ; les six autres composés par Cleyette, Bruno, Chérié et Michaux.

Le FORMULAIRE commenté des liquidations et partages judiciaires. — Paris, in-8°.

Le TRAITÉ *de la purge des hypothèques légales.* — Paris, 1873, broch. in-8° de 35 pages.

Le *Guide du clerc de notaire.* — Paris, 1878, broch. in-8°.

GARDEY DE CLARAC

Ancien notaire.

A publié :

PROJET *de réorganisation du notariat.* 1853, in-8°.

Une *deuxième édition* a paru en 1854.

GARNIER-DESCHÈNE (EDME-HILAIRE)

Ancien notaire à Paris.

A laissé un nom honoré dans la Compagnie des notaires de Paris, dont il était un des membres les plus distingués.

Il a composé et publié :

1° LA COUTUME DE PARIS, mise en vers français de huit syllabes, avec le texte à côté. — Paris, 1768, in-12.

2° Un TRAITÉ ÉLÉMENTAIRE *de géographie astrono-*

mique. Ouvrage couronné dans un concours public. — Paris, 1794.

3° Des OBSERVATIONS *sur le projet de Code civil.* — Paris, 1801, in-8°.

4° TRAITÉ ÉLÉMENTAIRE *du notariat, avec formules d'actes.* — Paris, 1807, in-8°. — Deuxième édition, 1808, in-8°.

GASPARD

Ancien notaire à Mirecourt (*Vosges*).

A publié :

De la Réforme hypothécaire. — Nancy, 1850, broch. in-8°.

GÉNÉBRIER (ANTOINE)

Notaire à Échandelys (*Puy-de-Dôme*).

Ancien président de la Chambre des notaires d'Ambert, membre de la Société de législation comparée de Paris et de la Société des réformes fiscales.

A été rédacteur en chef du journal *l'Étude,* sous le pseudonyme de *Dumas,* pendant les années 1868 et 1869;

Du *Répertoire du notariat pratique* pendant l'année 187.).

Est l'auteur du *Projet de réforme notariale et fiscale,* dont trois livraisons ont paru; gr. in-8°.

Est directeur et rédacteur en chef du RÉPERTOIRE ENCYCLOPÉDIQUE ET RAISONNÉ *de la pratique notariale et des formalités hypothécaires,* recueil qui paraît par livraison de 104 pages in-8°, et aura environ 100 livraisons. — Huit livraisons ont paru en 1880 et forment un gros volume de 800 pages. — Paris, rue Poulet, 8.

Le *Répertoire* est certainement l'œuvre la plus considérable, publiée jusqu'à ce jour, sur le droit civil, le droit fiscal, la procédure civile et le notariat, étudiés au point de vue de la théorie et de la pratique.

Il diffère essentiellement du *Dictionnaire* et de l'*Encyclopédie du notariat* par quatre caractères distinctifs :

Encyclopédique, le Répertoire résume tous les travaux antérieurs, sans aucune distinction, publiés jusqu'à ce jour en France et en Belgique ;

Raisonné, il ne donne aucune solution sans la motiver, et développe, avec autant d'impartialité que d'exactitude, tous les arguments invoqués par la jurisprudence et la doctrine, à l'appui de chaque système juridique ; il contient, en outre, l'étude d'un grand nombre de questions de *pratique notariale* entièrement inédites ;

Didactique dans sa forme et dans l'exposé des principes, faisant appel non seulement à leur mémoire, mais encore à leur intelligence et à leur jugement, il permet au jeune notaire et au principal clerc de faire du notariat raisonné, au moyen d'une étude approfondie du droit, au double point de vue théorique et pratique.

Enfin, par le *classement méthodique et rationnel* des matières, la division des titres et sous-titres, l'emploi de sommaires et tables alphabétiques, il a réalisé pour le notariat ce que Garnier a fait pour l'enregistrement.

Travailleur infatigable, doué d'un esprit élevé et toujours en éveil, M. Génébrier a encore publié de nombreux articles de droit dans divers *recueils*, et, en outre :

Une ÉTUDE THÉORIQUE ET PRATIQUE *sur les radiations hypothécaires.*— Paris, 1876. Broch. in-8° de 38 pages.

Un PROJET DE LOI *sur le notariat.* 1880. Broch. in-8°.

GILLET

Ancien notaire à Paris.

Est l'auteur du :

Registre des tabellionages et notariats des environs de Paris. (Sans date connue; cité par Jeannest-Saint-Hilaire, p. 18.)

GIRARDIN

Ancien notaire à Versailles (*Seine-et-Oise*).

Notaire honoraire, ancien secrétaire, syndic et président de la Chambre des notaires de Versailles, ancien membre du Comité des notaires (1854 à 1858).

A publié :

MÉMOIRE présenté à la Chambre des notaires de Versailles sur le partage des honoraires. 1855.

PRINCIPES GÉNÉRAUX *d'émolumentation et de taxation des actes notariés.* — Paris, 1863. Broch. in-8°.

De la taxe d'office; Liquidations judiciaires : Quels actes doivent être taxés d'office par les tribunaux, en cas d'homologation de partage judiciaire? (*Journ. du Not.*, 1866, n° 2046.)

DE L'ÉMOLUMENTATION *des testaments olographes* déposés chez les notaires. (*J. du Not.*, 1866, n°ˢ 2084, 2085 et 2086.)

OBSERVATIONS *sur la tarification et la taxation des actes,* soumises à M. le président du tribunal de Versailles, pour la Chambre des notaires, suivies d'une démonstration arithmétique de la légitimité du mode d'émolumentation accepté par les notaires. — Versailles, 1867-72, broch. in-8° et *J. du Not.*, 1878, n° 3132.

(En collaboration avec M. Ménager, ancien notaire à Sèvres.)

ÉTUDE sur une prétention des notaires de Paris (question du partage des honoraires). — Paris, 1880, in-8° de 211 pages (non dans le commerce).

Nous ne saurions trop recommander la lecture de ces diverses *Etudes* à tous ceux qui s'occupent de la taxe des actes notariés.

GODA (A.)

Ancien notaire à Reims (*Marne*).

Ancien président de la Chambre des notaires de Reims, membre de l'Académie de Reims.

A publié :

Lettres sur la Réforme hypothécaire. (*Journ. du No-*

tariat, n^{os} des 3, 6, 10, 17 et 20 septembre 1845.)
OBSERVATIONS sur la revision du régime hypothécaire,
les expropriations forcées, la clause de voie parée, etc.
— Paris, 1849, broch. in-8°. (*Journ. du Notariat,*
6-10 octobre 1849.)

De la purge des hypothèques légales non inscrites.
(*Journ. du Not.,* 1849, n° 536.)

Des Transmissions de propriété ou d'usufruit d'immeuble par actes sous seings privés. — Reims, 1849,
broch. in-8°. (*Journ. du Not.,* 1849, n° 537, et
1861, n° 1678.)

De la suppression des hypothèques judiciaires. (*Journ.
du Not.,* 1861, n° 652.)

OBSERVATIONS *sur le crédit foncier.* (*Jour. du Not.,* 1853,
n° 913.)

GODINEAU

Ancien notaire à la Jarrie (*Charente-Inférieure*).

A publié :

Rapport fait à la Société d'agriculture de la Rochelle,
sur le crédit agricole immobilier. (*Jour. du Not.,* 1849,
n°s 489 et 490.)

GONNET

Ancien notaire à Bois-d'Oingt (*Rhône*).

Ancien président de la Chambre des notaires de Villefranche.

A publié :

OBSERVATIONS *sur le projet du tarif légal.* (*Journ. du Not.,* 1855, n° 1067.)

GOURGEOIS

Ancien notaire à Varzy.

A publié :

OBSERVATIONS *sur le privilège en matière d'offices.* (*Journ. du Not.,* 1851, n° 699.)

MÉMOIRE *sur l'institution du notariat* et sur les améliorations dont son organisation actuelle est susceptible. — Paris, 1860, in-8°.

GROUX (P.-A.)

Ancien notaire à Agen (*Lot-et-Garonne*).

A publié :

MANUEL DU NOTAIRE, ou Instructions par demandes et

par réponses sur les contrats, donations et testaments, avec des modèles d'actes conformes aux dispositions de la loi du 25 ventôse an XI, etc. — Toulouse,
1811, in-8°. — Quatrième édition, 1818, in-8°.

GRIPON (MAXIME)

Ancien notaire.

A publié :

De la Publicité et de l'Inscription des hypothèques légales.—Paris, 1872, gr. in-8° à 2 col., de IV-95 pages.

GRISEY (CONSTANT)

Ancien notaire.

A publié :

OBSERVATIONS sur les actes sous seings privés devant
l'application de la loi du 23 mars 1855 sur la transcription hypothécaire.—Luxeuil, 1865. Broch. in-8°
de 65 pages.

GROSSE

Ancien notaire à Hermeray.

A publié :

OBSERVATIONS sur la Réforme hypothécaire. Transcription obligatoire. (J. du Not. 1851, n° 670.)

OBSERVATIONS *sur les Ventes à réméré.* (*J. du Not.*, 1852, n° 819.)

OBSERVATIONS *sur les Mutations cadastrales.* (*J. du Not.*, 1854, n° 958.)

OBSERVATIONS *sur la Transcription obligatoire.* (*J. du Not.*, 1854, n° 1012.)

DES HONORAIRES *sur les ventes de meubles.* — Paris, 1862. Broch. in-8° de 68 pages.

Monographie très utile à consulter, dans laquelle la question est étudiée sous toutes ses faces et résolue d'une façon définitive.

COMMENTAIRE ou Explication, au point de vue pratique, de la loi du 29 mars 1855, sur la transcription hypothécaire, précédé d'une introduction historique sur le droit hypothécaire, etc. — Paris, 1860. *Deuxième édition.* 2 vol. in-8°. La première édition date de 1856 et a eu plusieurs tirages.

OBSERVATIONS *sur les subrogations à l'hypothèque légale des femmes mariées.* (*J. du Not.*, 1856. n°s 1139, 1144, 1147 et 1148.)

NOTES HISTORIQUES *sur les Ordres.* (*J. du Not.*, 1857, n° 1230.)

COMMENTAIRE de la loi sur la procédure d'ordre, en collaboration avec M. Rameau, avoué à Versailles. — Paris, 2 vol. in-8°, 1858.

DISSERTATION sur la radiation des inscriptions après ordre amiable. (*J. du Not.*, 1858, n°s 1383 et 1384.)

COTE et PARAPHE *des valeurs au porteur* depuis la loi du 23 juin 1857. (*J. du Not.*, 1859, nᵒˢ 1405, 1406, 1407 et 1408.)

DISSERTATION sur la radiation des inscriptions d'hypothèques légales prises par les créanciers subrogés. (*J. du Not.*, 1859, nᵒˢ 1455, 1456, 1457, 1458 et 1459.)

De la Tenue du secrétariat des Chambres de discipline. (*J. du Not.*, 1861, nᵒ 1598.)

Des droits du tuteur sur les actions et obligations de Compagnies appartenant au mineur. Peut-il vendre sans autorisation du Conseil ? (*J. du Not.*, 1861, nᵒ 1599.)

Du droit de légaliser des maires. (*J. du Not.*, 1861, nᵒ 1626.)

Des ventes publiques de coupes de bois taillis par les notaires. (*J. du Not.*, 1861, nᵒ 1644.)

Des difficultés soulevées par l'application de l'art. 46 de la loi du 2 juillet 1862, relatif aux remplois en rentes sur l'État. Broch. in-8ᵒ. (*J. du Not.*, 1862, nᵒˢ 1750 et 1751.)

OBSERVATIONS sur l'Instruction de la Régie du 13 avril 1865, relative au mode d'inscription des privilèges et hypothèques, etc. (*J. des Notaires et des Avocats*, art. 18,260.)

8.

GRUGNON-LACOSTE

Ancien notaire.

A publié :

MANUEL DE GÉNÉALOGIE ou Manière de calculer les
degrés de parenté dans les partages de succession,
utile à MM. les notaires, avocats et avoués. — Paris,
1865, in-8°.

* * *

GRUSSE

Ancien notaire.

Docteur en droit.

A publié :

De la transcription. — Paris, 1859, in-8°.
Lettre sur l'exécution de la loi de 1855. (*J. du Not.*,
n° du 2 août 1856.)

* * *

GUÉROULT

Ancien notaire à Rouen (*Seine-Inférieure*).

A publié :

Des offices et des officiers ministériels, et particulière-
ment du notariat et des notaires. — Paris et Rouen,
1848, in-8°.

HAREL-DELANÖE

Ancien notaire à Saint-Brieuc (*Côtes-du-Nord*).

A publié :

COURS *élémentaire du notariat.* — Paris, 1863, 2 vol. in-8°.

Ouvrage très utile aux jeunes gens qui se destinent au notariat ; les principes du droit et de la pratique notariale y sont exposés avec méthode, clarté et exactitude.

HAVARD (JOSEPH)

Ancien notaire.

Rédacteur en chef du Journal du Notariat *de 1849 à 1855, où il a publié de nombreux articles de Pratique notariale.*

Il est aussi l'auteur de :

OBSERVATIONS présentées à l'Assemblée nationale sur la *Propriété des Offices.* (*Journal du Notariat*, 1848, n° 432.)

Et d'un article *bibliographique* sur la traduction en vers de la *Jérusalem délivrée*, du Tasse, par M. Desserteaux, conseiller à la cour de Besançon. (*Journ. du Not.*, 1856, n° 1162.)

HÉAN

Ancien notaire à Mérignac (*Charente*), 1847-1858.

Est l'auteur :

De la Paternité. — Paris, 1868, un vol. in-8°.

Dans ce volume se trouvent analysées et commentées toutes les questions qui ont trait à la filiation des enfants légitimes et à la condition légale des enfants naturels. Au style de l'auteur et à son argumentation, on reconnaît de suite le jurisconsulte qui, à des connaissances théoriques approfondies, joint une grande expérience pratique.

M. Héan a aussi publié de nombreuses et importantes dissertations dans la *Revue pratique du droit français* :

Sur la Nullité des partages d'ascendants pour contravention aux art. 826 et 832. C. c., t. V, p. 166, et t. VIII, p. 356.

Sur la Question de savoir si cette nullité, quand l'acte est fait par le père et la mère, se prescrit pour le tout par dix ans après le décès du survivant. T. V, p. 560.

Sur l'action en résolution du contrat de vente, malgré l'opposition d'un créancier hypothécaire qui offre de désintéresser le vendeur. T. VIII, p. 153.

Sur l'application de l'art. 2037 C. c. au débiteur solidaire et à sa caution. T. XIII, p. 29.

Sur la question de savoir si, après révocation d'une donation pour inexécution des conditions et le retour

de l'immeuble donné aux mains du donataire au
décès du donateur, l'immeuble doit rester au donataire ou à l'acquéreur auquel il avait été précédem-
ment vendu. T. XIV, p. 186.

Sur la question de savoir si l'acquéreur évincé peut
recourir en répétition de son prix contre le cessionnaire auquel ce prix a été payé. T. XIV, p. 398, et
t. XVI, p. 18.

Cette question a été l'objet d'une très intéressante discussion
entre Mourlon et l'auteur.

Sur la question de savoir si les enfants naturels et les
légataires de quotité ont le droit d'exercer le retrait
successoral. *Quid* en matière de partage de communauté et de société? T. XVIII, p. 323.

Sur le mode de calcul de la quotité disponible et de la
réserve, lorsque le disposant ne laisse pour héritiers
que les enfants d'un fils ou d'une fille unique. T. XX,
p. 206.

Sur la question de savoir si les ascendants autres que
les père et mère ont droit à une réserve en présence
d'un légataire universel, lorsque les frères et sœurs
du disposant renoncent à la succession. T. XXIV,
p. 465.

Sur l'efficacité du cautionnement d'une obligation pro-
hibée, de la vente d'un bien dotal, etc. T. XXX,
p. 111.

Sur la récompense des frais de labour et de semence,

en vertu du principe posé dans l'art. 1437 C. c.
T. XXX, p. 310.

Sur la question de savoir si un droit d'usage dans une
forêt peut être acquis par prescription, et si le titre
recognitif d'une servitude doit être conforme à l'article 1337. T. XXXVIII, p. 435.

Enfin, depuis 1875, M. Héan collabore au *Manda-*
taire du Notariat, recueil hebdomadaire, où l'auteur
publie chaque semaine quelque Étude sur un sujet de
notariat pratique.

HÉBERT

Ancien doyen des notaires de Rouen.

Fut l'un des fondateurs du *Comité général des no-*
taires.

A publié :

De quelques modifications importantes à introduire
dans le *Régime hypothécaire,* et Considérations sur
l'utilité d'un système propre à justifier de la capacité
civile de chaque contractant. — Rouen, 1841, grand
in-18, plus 3 tableaux.

Cet ouvrage n'est pas une simple critique de notre système
hypothécaire; c'est un plan tout nouveau que trace l'auteur,
une idée qui n'a aucun rapport avec ce qui existe et qu'il a dé-
veloppée dans les brochures suivantes :

I. De l'utilité d'un système général d'immatriculation des

hommes, des immeubles et des titres, et de quelques points se rattachant au notariat. Rouen, 3 livraisons in-8°, 1844, 1845, 1846.

II. Exposé complet d'un système général d'immatriculation des personnes et des titres. Quatrième livraison, 1847, in-8°.

III. Ma Carte de visite à MM. les représentants à l'Assemblée nationale et autres personnes notables, au sujet de la Réforme hypothécaire. Paris, 1849, in-8°.

(Bibliographie raisonnée du droit civil, par Dramard.)

DÉFENSE *du régime dotal* et aperçu d'un système d'immatricule propre à justifier de la capacité civile de chaque contractant; rapport fait à l'*Association normande.* — Rouen, 1842, in-8°.

Lettres sur les *Projets de Réformes hypothécaires.* (*J. du Not.*, nᵒˢ des 24 septembre, 15 novembre, 26 novembre et 10 décembre 1844; 12 février 1845; 14 avril et 31 juillet 1847; 15 février 1851.)

HÉBERT (J.-B.)

Ancien notaire à Paris.

A publié :

MÉMOIRE au Garde des sceaux et à MM. les membres de la Commission hypothécaire. — Paris, 1848, broch. in-8° de 68 pages.

DE L'IMMATRICULATION GÉNÉRALE *des personnes et des biens.* — Paris, 1849. (*J. du Not.*, n° du 8 septembre 1849.)

Nombreux articles dans le *Journal du Notariat*, 1849, nᵒˢ 533, 535 et suiv.

Comment se font les lois en France, en 1850. (*Presse,* nᵒ du 6 juillet 1850.)

Congrès central d'agriculture. Session de 1850 : Commission du Crédit foncier. *Réformes hypothécaires,* par J.-B. Hébert, rapporteur. — Paris, 1850, in-8ᵒ.

HEILMANN (AUGUSTE)

Ancien notaire à Hagueneau.

A publié :

LES PAYSANS D'ALSACE. *L'Impôt et l'Usure.* — Strasbourg, 1853, broch. in-8ᵒ et *J. du Not.*, 1853, nᵒ 590.

HERSON

Ancien notaire.

A publié :

TRAITÉ *sur les Substitutions prohibées.* (Sans date connue.)

HERVÉ (VALÈRE)

Notaire à Gençay (*Vienne*).

Docteur en droit.

A publié :

De la forme des testaments. 1873. — Poitiers, 1 vol. in-8°.

De la liberté du taux de l'intérêt de l'argent. (*Journal de la Vienne*, n° du 1er décembre 1875.)

Devoirs sociaux du riche et du pauvre. 1878. 1 volume in-12.

LE NOTARIAT BELGE ET LE NOTARIAT FRANÇAIS. *Réformes nécessaires.* — Poitiers, 1877. Broch. in-8°.

HEU

Ancien notaire.

Ancien directeur du journal le Moniteur de la Propriété.

A publié :

Observations sur les reprises de la femme sous le régime de la communauté. (*J. du Not.,* n° du 11 juin 1853.)

Frais de transcription; moyen de les diminuer. (*J. du Not.,* n° du 10 février 18 .)

9

Commentaire théorique et pratique de la loi sur les loyers, votée par l'Assemblée nationale le 21 avril 1871. — Paris, broch. in-8° de 68 pages.

HORDAIN (ÉMILE D')

Ancien notaire à Longjumeau (*Seine-et-Oise*).

A publié des :

Réflexions *sur la Législation française*. De la vie civile. Des enfants naturels. Des enfants nés après séparation de corps. Du désaveu. — Paris, 1867, broch. in-8° de 45 pages.

La première partie de cet ouvrage a pour objet l'organisation d'une sorte de casier de l'état civil ; la deuxième, la critique des articles 312 et 331 du Code civil.

HORSON

Ancien notaire.

A publié :

Commentaire *des lois, ordonnances, décrets et circulaires qui réglementent le notariat.* In-8°. (Sans date connue.)

HOVELT (ÉDOUARD)

Notaire à Dunkerque.

A publié :

CONSEILS PRATIQUES *pour les contrats de mariage.* — Paris et Dunkerque. 1866. Broch. in-8°.

Opuscule rempli d'observations dénotant une science profonde et une pratique éclairée.

ÉTUDE *sur la liberté testamentaire et sur le droit de propriété.* — Paris, 1875. Broch. in-8°.

HUGUES DE LA HEAUMERIE

Ancien notaire au Châtelet de Paris.

On a de lui :

LE MIROIR DU CHATELET OU *Vraies fonctions des tabellions français.*

Ouvrage remontant au xv⁰ siècle.

HUVELIN

Ancien notaire à Étain (Meuse).

Ancien président de la Chambre des Notaires de Verdun.

A publié :

OBSERVATIONS *sur les obligations des Conservateurs d'hypothèques.* (*J. du Not.*, 1855, n° 1021.)

DISSERTATION *sur une question d'enregistrement soulevée par la loi du 14 juillet 1855.* (*J. du Not.*, 1857, n° 1210.)

De la subrogation à l'hypothèque légale de la femme mariée. — Verdun, 1863. Broch. in-8°.

DISSERTATION sur la question de savoir où doit se réunir le Conseil de famille du fils d'un militaire mort au service. (*J. du Not.*, 1863, n° 1813.)

Des caractères essentiels qui doivent faire distinguer un legs universel d'un legs à titre universel. (*J. du Not.*, 1865, n° du 11 nov. 1865.)

INNOCENT (Léon)

Ancien notaire.

A publié :

Des Sociétés à responsabilité limitée en France : Historique, commentaire, statuts, avec un *appendice* contenant les motifs, le rapport de la loi du 5 mai 1863 et les statuts officiels anglais. — Paris, 1863, in-8°. (En collaboration avec Urbain Desvaux, avocat.)

JEANNEST SAINT-HILAIRE (A.)

Notaire honoraire à Brunoy (*Seine-et-Oise*).

Président de la Chambre des notaires de Corbeil pendant six ans; président du Comité *des notaires des*

départements pendant plus de quinze ans (1859-1874),
après en avoir été l'un des fondateurs ; membre corres-
pondant.de l'Institut historique de France ; chevalier de
la Légion d'honneur (décret du 4 mars 1850).

Jeannest-Saint-Hilaire est un des hommes qui ont le
plus honoré le notariat, par sa dignité professionnelle,
son intelligence élevée, son dévouement à l'Institution,
dont il restera, selon l'expression d'un de ses confrères,
l'une des gloires les mieux établies. Malgré ses occupa-
tions et fonctions multiples, sa laborieuse activité lui
avait permis de publier un assez grand nombre d'ouvrages justement estimés :

BRUNOY ET SES ENVIRONS; *Itinéraire du Chemin de fer*
de Lyon, de Paris à Sens. — Paris, 1849, in-8°.

Recueil artistement composé de descriptions pittoresques, de
notices piquantes, de biographies anecdotiques, et qui dénote
chez l'auteur une grande souplesse de style et une variété de
tons qui lui permettait d'aborder les sujets les plus divers avec
une égale supériorité.

Formulaire général des actes notariés et sous-seings
privés les plus usuels, en collaboration avec Mourlon. — Paris, 1851, in-8°.

Une 2ᵉ édition est en préparation.

Du Notariat et.des Offices. — Paris, 1858, in-8°.

Étude historique et philosophique dans laquelle on retrouve
l'élévation des pensées, la rectitude du jugement, jointes à la
science et à l'élégance de style qui caractérisent les œuvres de
Jeannest-Saint-Hilaire. Presque toutes les questions importantes qui s'agitent encore sur le notariat sont traitées dans
cet ouvrage.

9.

Nous devons rappeler encore :

Les remarquables *Discours* par lesquels, durant quinze ans, il inaugurait les réunions générales du Comité des notaires; ceux notamment où il a examiné les diverses mesures qui peuvent assurer le recouvrement des frais d'enregistrement (1862), où il a traité la grave question du morcellement de la propriété et de la liberté testamentaire (1867), où il a rendu compte du projet de loi sur les ventes et partages judiciaires (1868), et apprécié l'*Étude* de M. Theureau sur l'*Abolition de la vénalité des offices* (1869); etc.

Enfin le très important *Rapport* sur les modifications à apporter au régime du notariat, lu à la conférence de 1840, d'où est sorti le Comité des notaires, et qui eût alors dans le notariat un si grand et si légitime retentissement. (*Vœux des notaires des départements.*) 1841. Br. in-4° de 70 pages.

JOLLIVET (Jean-Baptiste-Moïse)

Ancien notaire à Nemours (*Seine-et-Oise*).

Exerça le notariat avant 1789. En 1790 fut nommé administrateur du département de Seine-et-Marne, puis député. La veille du 10 août 1792, il dénonça à l'Assemblée le club des Jacobins, à une séance duquel il avait assisté secrètement et où il avait entendu voués à l'exécration publique et à la mort tous les députés qui avaient voté pour Lafayette.

Arrêté pendant la Terreur, il recouvra sa liberté après la chute de Robespierre.

En 1795, il devint conservateur général des hypothèques. Après le 18 brumaire, il fut adjoint à la commission du *Conseil des anciens* (section des finances), puis nommé conseiller d'État en 1801.

En 1804, il fut chargé de présenter au Corps législatif différents projets de loi et d'y soutenir la discussion sur les titres du *Code civil* relatifs aux *privilèges et hypothèques* et à l'*expropriation forcée*.

En 1805, il fut nommé liquidateur général de la dette des quatre nouveaux départements de la rive gauche du Rhin. En 1807, ministre du trésor du nouveau royaume de Westphalie et créé comte de l'Empire.

Il a laissé entre autres ouvrages :

De l'impôt sur les successions et de l'impôt sur le sel, 1798.

De l'impôt progressif et du morcellement des patrimoines, 1798.

Principes fondamentaux *du régime social comparé avec le plan de constitution présenté à la Convention,* 1793.

Du Thalwey du Rhin, considéré comme limite entre la France et l'Allemagne, 1801.

De l'expertise, 1802.

A concouru à la rédaction de la *loi sur le notariat du 25 ventôse an XI.*

JOUGLAR

Ancien notaire à Toulouse.

Monographie de l'abbaye du Mas-Grenier. — Toulouse, 1865, in-12.

JOURDAA (J.-B.)

Notaire à Saint-Martin-de-Seignaux (*Landes*).

Président de la Chambre des notaires de l'arrondissement de Dax.

A publié :

TRAITÉ COMPARATIF de *l'acte authentique et de l'acte sous-seings privés* et Considérations pratiques sur quelques actes usuels. — Paris, 1880. Br. in-8º de 103 pages.

Après avoir fait ressortir les différences qui existent entre les actes notariés et les actes sous-seings privés, et les inconvénients qui résultent de l'usage de ces derniers, l'auteur examine la question de savoir si les maires sont compétents pour donner l'*authenticité* aux actes qui intéressent leur commune; puis, dans cinq autres chapitres, il présente des considérations pratiques fort intéressantes sur la forme du consentement des ascendants au mariage de leurs descendants; sur l'utilité des contrats de mariage, des inventaires; sur les partages et les inconvénients qui résultent, au point de vue civil et fiscal, des fraudes aux lois de l'enregistrement.

Cet excellent petit livre devrait être entre les mains de tous les notaires, non seulement parce qu'ils y trouveront la preuve bien établie de la nécessité de leur ministère, mais aussi parce qu'il serait bon de le répandre et de le faire connaître à leurs clients, tous intéressés à suivre les sages conseils de M. Jourdaa.

JOZON

Ancien notaire à Corbeil (Seine-et-Oise).

Ancien président de la Chambre des notaires de Corbeil, ancien président du Comité des notaires des départements (1848-1858), *dont il fut un des fondateurs ; chevalier de la Légion d'honneur.*

A rendu de grands services au notariat par la part active qu'il a prise aux *travaux* du Comité durant ses dix ans de présidence. Sa profonde expérience des affaires, son intelligence vive et éclairée ont laissé de nombreuses traces dans les *circulaires* du Comité.

LABBÉ

Ancien notaire à Courban (Côte-d'Or).

OBSERVATIONS *sur la conservation du cadastre*, 1841. Br. in-8°.

OBSERVATIONS *sur la loi du 23 mars 1855*. (*J. du Not.*, 1856, n° 1127.)

OBSERVATIONS *sur l'utilité des mentions cadastrales dans les actes notariés*. (*J. du Not.*, 1863, n° 1827.)

OBSERVATIONS *sur la nécessité d'un tarif légal uniforme des actes notariés*, avec un projet de tarif. (*J. du Not.*, 1862, n° 1730.)

LADRÉE (ÉMILE)

Ancien notaire.

A publié :

Du Crédit foncier et de son organisation. — Orléans, 1850, in-8°.

————

LAENNEC (EMMANUEL)

Ancien notaire à Nantes (*Loire-Inférieure*).

A publié :

DISSERTATION sur cette question : Est-il nécessaire, sous peine de faux et de nullité, que le second notaire ou les témoins instrumentaires soient présents à la rédaction des actes qu'ils souscrivent? — Nantes, 1829, in-8°.

————

LANGLOIS (LUCIEN-FRANÇOIS)

Ancien notaire au Châtelet de Paris.

Est l'auteur de :

PRINCIPES GÉNÉRAUX *de la coutume de Paris.*

TRAITÉ *des droits, privilèges et fonctions* des conseillers du roi, *notaires,* gardes-notes et gardes-scels de Sa Majesté au Châtelet de Paris. — Paris, 1738, in-4°. A été continué par Eugène-Louis Regnault, notaire à Paris, 1784.

————

LANSEL (Charles)

Ancien notaire.

Secrétaire de la rédaction à la Revue du Notariat, *depuis 1870. — Dirige et surveille la rédaction de l'*Encyclopédie du Notariat, *que publie la* Revue.

A publié :

Commentaire *de la loi du 25 août 1872 sur l'enregistrement et le timbre. (Revue du Notariat,* 1870, n° 3002.)

Commentaire *de la loi du 28 février 1872 sur l'enregistrement. (Revue,* n° 4024.)

Interprétation *de l'art. 3 de la loi du 25 ventôse an* IX. *(Revue,* 1872-1873, n°ˢ 4455, 4490, 4517.)

De la transcription de l'adjudication au profit de l'héritier bénéficiaire. (Revue, 1873, n° 4518.)

De la communication des actes notariés. (Revue, 1873, n° 4545 ; 1876, n° 5148.)

Du secret professionnel pour les notaires. (Revue, 1873, n° 4570.)

Tarif *des droits d'enregistrement, de timbre, d'hypothèque et de greffe,* etc. — Paris, 1873. Un vol. in-32.

La 5ᵉ édition de ce petit volume fort utile a paru en 1879.

Études *sur la forme du testament authentique. (Revue,* 1875-76, n°ˢ 4861, 4886, 4949, 5122.)

Des honoraires des testaments authentiques. (Revue,
    1876, n° 5173.)

Cote et paraphe des titres dans les inventaires. (Revue,
    1876, n° 5262.)

Des dons manuels dans les inventaires. (Revue, 1878,
    n° 5546.)

LARRIEU

Ancien notaire.

A publié :

Du danger des actes sous-seings privés, ou bons conseils
    pour conserver sa fortune et éviter les procès. —
    Auch, 1866, in-8° de 118 pages.

Une deuxième édition a paru en 1857.

LAUNAY (P.)

Ancien notaire.

ANNUAIRE *des notaires.* — Le Mans et Paris, 1817,
    in-8°.

Une deuxième édition, portant le titre de MANUEL PORTATIF
des notaires, a été publiée en 1822. Ce titre est mieux approprié à l'ouvrage, qui est en effet un traité du notariat.

LAFFRAT

Ancien notaire à Villeneuve-sur-Yonne (*Yonne*).

Ancien président de la Chambre des notaires de Joigny, membre du Comité des notaires.

A publié :

ÉTUDE *sur les honoraires des notaires et le tarif,* en réponse à la *brochure* de M. Flandin, procureur à Épernay, *De la Nécessité de reviser nos codes et de codifier nos lois administratives.* — Paris, 1877; broch. in-8° de 20 p., et *J. du Not.,* n°s 2991, 2992.

LECERRE-SAINGERY

Ancien notaire.

A publié :

De la transcription des minutes même, plutôt que des expéditions. (*J. du Not.,* n^os des 16 et 23 février 1856.)

LECHEVREL

Notaire à Chanu (*Orne*).

A publié :

OBSERVATIONS sur la publicité des contrats de mariage. (*J. du Not.,* 1851, n° 671.)

Pétition à la chambre des représentants sur la Réforme hypothécaire. (*J. du Not.*, 1851, n° 699.)

LECOMTE (Médéric)

Notaire à Donnemarie (*Seine-et-Marne*).

A publié :

Code *des privilèges sur les meubles et sur les immeubles.* — Paris, 1868, br. in-8°.

M. Lecomte a compulsé tout ce qui a été écrit sur cette matière si ardue et si controversée. Dans cette petite brochure de soixante-quinze pages, il cite plus de deux cents auteurs, des milliers d'arrêts, et discute le pour et le contre. C'est un résumé que tout notaire doit avoir, pour le consulter à l'occasion.

Une deuxième édition est en préparation.

Notice historique sur l'église Notre-Dame-de-Chauny. (*Manuscrit* déposé aux Archives de la Société historique et archéologique de Soissons, 1858, p. 50; 1859, p. 21.)

Mémoire et notes sur l'ancienne abbaye de Saint-Éloi-Fontaine. (Ms. déposé aux Archives de la même Société. *Bulletin* de 1859.)

Notice sur les études de notaires et les notaires de la Ferté-Milon. Recherches sur l'origine du notariat. (Ms. déposé à la Société. *Bulletin*, 1859, p. 122.)

Notice généalogique sur RACINE et toute sa descen-
dance, continuée par l'auteur jusqu'en 1876.

Cette étude a paru dans le *Journal de l'Aisne* (janvier 1860)
et dans le Bulletin de la Société académique de Laon (X^e vol.,
1860). — Elle est citée par Malte-Brun dans sa *Bibliographie*
de la FRANCE ILLUSTRÉE (Aisne, p. 32). — Nous devons ajouter
que ce travail a été utilisé pour la biographie de Racine qui
précède ses œuvres, dans la belle collection des *Grands Écri-
vains de la France,* éditée par la maison Hachette.

HISTOIRE *de la Ferté-Milon.* Meaux, 1866. 1 vol. in-12
de 311 pages. Cité par Malte-Brun, *Bibliographie* de
l'Aisne, p. 32.

LEFEBVRE

Ancien notaire à Puiseaux (*Loiret*).

A publié :

MODIFICATIONS *proposées sur l'ordre judiciaire.* (*J. du
Not.,* 1854, n° 993.)

OBSERVATIONS *sur le même sujet.* (*J. du Not.,* 1855,
n° 1018.)

OBSERVATIONS *sur la taxe des actes notariés.* (*J. du
Not.,* 1855, n° 1046.)

LEFEBVRE (G.)

Notaire honoraire.

Ancien directeur du Journal des notaires et des avocats.

A publié :

Manuel et Formulaire du Testament. — Paris, 1872, in-8°.

MANUEL et FORMULAIRE *des certificats de propriété* et des transferts et mutations de rentes sur l'État et de valeurs mobilières. — Paris, 1872, in-8°.

Manuel de l'Inventaire. — Paris, 1871, in-8".

MANUEL et FORMULAIRE *du notaire, de l'aspirant au notariat et des chambres de discipline,* etc. — Paris, 1873, 2 vol. in-8°.

LEMENUET

Ancien notaire à Corbeil (*Seine-et-Oise*).

Ancien secrétaire du Comité des notaires *des départements* (1850-58).

A publié entre autres travaux :

DISSERTATION sur la concurrence des notaires et des commissaires-priseurs au sujet de la loi du 5 juin 1855. (*Revue critique de jurisprudence,* juillet 1857.)

LEPARGNEUX (J.-D.)

Ancien notaire.

A publié :

De l'établissement de la contrainte par corps en matière civile, de ses avantages pour les classes laborieuses, et de son influence sur les mœurs privées et politiques. — Paris, 1853, in-8°.

LEPÈRE

Notaire honoraire.

A publié :

TRAITÉ *sur l'honorariat des notaires,* in-8° (sans date connue).

LEROY (AUGUSTE)

Ancien notaire à Sedan (*Ardennes*).

Ancien doyen et président de la Chambre des notaires de l'arrondissement de Sedan.

A publié :

OBSERVATIONS sur la loi du 23 mars 1855. (*J. du Not.,* 1855, n° 1022.)

OBSERVATIONS sur la subrogation à hypothèque légale. (*J. du Not,* 1856, n° 1107.)

LETANNEUR

Ancien notaire à Vernon (*Eure*).

A publié :

Dissertation sur la suppression du droit proportionnel de transcription sur les partages anticipés. (*J. du Not.*, 1864, nᵒ 1921.)

LÉVESQUE (Guillaume)

Ancien notaire au Châtelet de Paris.

A publié : •

Chartes, lettres, titres et arrêts *de l'antiquité, droits, fonctions, pouvoirs, exemptions et privilèges des notaires et garde-notes au Chastelet de Paris.* — Paris, 1662, in-4ᵒ.

Au commencement de ce recueil se trouve un discours sur *l'établissement et l'ancienneté des notaires.*

LIÉRÉ

Ancien notaire.

A publié :

Formules *de contrats de mariage,* avec notes, in-8ᵒ (sans date connue).

LIMOSIN (C.)

Ancien notaire.

A publié :

Nouveau système hypothécaire. Mémoire concernant la réforme et la modification de la législation
sur les hypothèques et privilèges immobiliers; suivi
d'un projet de loi.—Paris, 1847. Br. in-8° de 82 pages.

(Cons. art. ap. *Journ. du Not.* 1849, n°ˢ 538 et 542.)

LOISEL

Notaire honoraire.

A publié :

Traité *des partages de communauté et de succession;*
in-8° (sans date connue).

MADRE (De)

Notaire à Paris.

Chevalier de la Légion d'honneur (1864).

« Un de ces hommes qui grandissent l'humanité par
leurs actes et par leurs écrits, selon la très judicieuse
parole d'un ancien magistrat... »

M. de Madre est bien connu par les œuvres de bienfaisance qu'il a fondées, qu'il ne cesse de diriger et de

secourir et aussi par les ouvrages de pratique notariale qu'il a publiés :

FORMULAIRE *pour les inventaires.* — Paris, 1856, grand in-8º. Une 2e édition a paru en 1861.

COMMENTAIRE de la loi du 11 juin 1851 sur les ventes publiques et volontaires de fruits et récoltes. — Paris, 1857, in-8º.

FORMULAIRE *pour contrats de mariage.* — Paris, 1858, grand in-8º. Cinq éditions de cet excellent livre ont déjà paru, la dernière en 1873.

Du moyen de créer et d'entretenir des écoles spécialement par voie d'association. — Paris, 1868, in-8º.

Des moyens d'améliorer la condition des ouvriers dans les villes. — Paris, 1863, in-8º.

De l'éducation des jeunes filles des ouvriers. — Paris, 1864, in-8º.

MAILFER

Ancien notaire à Angoulême (*Charente*), 1841-1855.

Ancien Président de la Chambre des notaires. Notaire et publiciste distingué.

A publié :

OBSERVATIONS *sur la Réforme hypothécaire.* (*J. du Not.,* 1851, nº 648.)

RECHERCHES HISTORIQUES *du juste et de l'autorité* ou

Philosophie appliquée. — Paris, 1873, 2 vol. in-8°.

De la démocratie en Europe; questions religieuses et juridiques. Droit public interne. — Paris, 1875, in-8°.

De la démocratie dans ses rapports avec le droit international. — Paris, 1876, in-8°.

De la démocratie dans ses rapports avec l'économie politique. — Paris, 1878, in-8°.

MAILLAND

Notaire à Aix-les-Bains (*Savoie*).

Membre correspondant de l'Académie de Savoie et de plusieurs autres sociétés savantes.

A publié en outre de nombreux articles de *Journaux* et de *Revues :*

Le NOTARIAT SIMPLIFIÉ ou le *Vade-mecum des notaires,* édité par l'administration du *Journal des notaires et des avocats.* — Paris, 1868, *gros vol.* in-18 de 556 pages.

> Cet ouvrage, conçu d'après un plan nouveau et méthodique, fait avec un soin et une précision de doctrine remarquables, contient une revue analytique et sommaire de toutes les questions de législation, de jurisprudence et de pratique notariales. C'est un livre excellent et trop peu connu dans le notariat.

Nécrologie de M. l'abbé Édouard Turinaz. — Chambéry, 1867. Br. in-8°.

Le TRAVAIL, *sa puissance, ses prodiges et ses miracles.*

Discours prononcé le 2 août 1868 au pensionnat de la Motte-Servalet (Savoie). — Paris, 1868. Br. in-18.

Cet opuscule a déjà eu quatre éditions.

Nécrologie de M. l'abbé Pierre-Élisabeth Poulin. — Chambéry, 1868. Br. in-8º.

Nécrologie de M. Louis-Marie de Buttet d'Entremont, baron du Bourget. — Chambéry, 1868. Br. in-8º.

LITTÉRATURE NOTARIALE. *Étude théorique et pratique sur la rédaction des actes notariés.* Paris, 1870. — Brochure in-8º éditée par l'administration du *Répertoire du notariat.*

BORDEAU *et son château féodal, le mont du Chat et le lac du Bourget.* Études historiques, scientifiques et pittoresques. — Chambéry, 1874-75, 1 vol. grand in-8º.

Ouvrage aussi savant qu'intéressant, et qui classe M. Mailland parmi les archéologues, comme le Notariat simplifié lui assure un des premiers rangs dans la littérature notariale.

MALLINIER

Notaire honoraire.

A publié :

Influence civilisatrice de la guerre d'Orient, 1855. Br. in-8º.

MARCEL (LÉOPOLD)

Notaire honoraire à Louviers (*Eure*).

Ancien président de la Chambre des notaires de Lou-
viers, membre du Comité des notaires, *chevalier de la*
Légion d'honneur.

Il exerça à Louviers pendant trente-deux ans et y
conquit l'estime et la considération publiques. « La mémoire de Marcel, comme l'a si bien dit M. Ménager,
président du Comité, en déplorant la mort de cet honorable notaire, sera pieusement conservée dans la corporation et son nom restera inscrit à côté de ceux de
Jeannest Saint-Hilaire, de Jozon, de Bezançon, de
Lemenuet, etc., dans le *Livre d'or* du notariat. »

Membre distingué et très érudit de la Société des
bibliophiles normands, Marcel a laissé plusieurs ouvrages justement estimés :

Une ÉTUDE *sur le régime dotal* et sur la nécessité d'une
réforme dans cette partie de notre législation. —
Paris, 1842, in-8°.

Travail de haute critique, bien écrit, sagement pensé et
dénotant une profonde expérience des affaires.

Des RECHERCHES HISTORIQUES *sur les rues et places de*
la ville de Louviers. — Louviers, in-8°.

ÉTUDES *sur le songe du Vergier.* — Paris, 1863, in-8°.

Ouvrage fort intéressant où Marcel, après avoir discuté
avec une grande abondance d'arguments les diverses versions

relatives à l'auteur de ce livre, en attribue, contrairement à l'avis de M. Paulin Paris, la paternité à *Charles de Louviers*, et justifie son opinion avec beaucoup de science et de clarté.

MARSOLLIER

Ancien notaire.

A publié :

Le notariat *dans les campagnes*. Br. in-8° (sans date connue).

MARTIN

Ancien notaire à Issoudun (*Vienne*).

A publié :

Traité *des successions* d'après les dispositions du Code Napoléon, contenant cent neuf tableaux, précédé d'une explication des lois sur la paternité et la filiation, les droits civils, le domicile et l'enregistrement des successions, et suivi d'une table générale des matières. — Issoudun, 1811, 2 vol. in-8°.

MARUNET

Ancien notaire.

A fondé la *Revue de jurisprudence notariale*, qui a eu dix ou douze années d'existence.

MASCRET (H.-F.)

Ancien notaire.

A publié :

Dictionnaire des faillites pour l'année 1868, d'après les journaux judiciaires : séparation de biens, nomination de conseils judiciaires, interdictions prononcées par les tribunaux de Paris, avec les conditions sommaires des concordats homologués et la répartition des dividendes de chaque faillite. — Paris, 1869, un vol. in-4°.

TABLEAUX des interdictions et des conseils judiciaires du département de la Seine de 1847 à 1870, collationnés sur les tableaux officiels. — Paris, 1869, in-16.

DICTIONNAIRE des faillites, séparations de biens, etc., pour l'année 1869. — Paris, 1870, in-4°.

MASSÉ (A.-J.)

Ancien notaire à Paris.

Professeur de notariat à l'Académie de législation, un des membres les plus honorables et les plus distingués du notariat de Paris.

A publié :

LE PARFAIT NOTAIRE, *ou la science parfaite des notaires,* avec formules. — Paris, 1807, 2 vol. in-4°.

11

Six éditions de cet excellent ouvrage ont successivement été publiées ; la dernière, en trois volumes in-4", de 1827 à 1828.

JURISPRUDENCE ET STYLE *des notaires*, contenant la jurisprudence des arrêts, les dispositions législatives et réglementaires, le style ou formulaire à l'usage des notaires ; en collaboration avec M. *Lherbette,* ancien magistrat. — Paris, 1823, 8 vol. in-8".

MATHIEU SAINT-LAURENT

Ancien notaire à Colmar (*Haut-Rhin*).

Ancien président de la Chambre des notaires de Colmar ; exerça près de cinquante ans ; était, à juste titre, considéré, dans le ressort de la Cour de Colmar, comme le modèle le plus accompli du notaire délicat, instruit, désintéressé.

A publié :

TABLEAU CHRONOLOGIQUE ET SYNOPTIQUE *des gouvernements qui se sont succédé en France depuis* 1789, *etc.* — Colmar, 1859, grand in-8".

MÉLIN

Ancien notaire.

Ancien secrétaire de la rédaction *de la* Revue du

Notariat, *et un des principaux collaborateurs, de* 1863
à 1870.

A publié :

Retrait successoral, Transcription. (1864, *Revue*,
n° 817.)

Inventaires, Récoltes, Labours, Semences. (*Revue*, 1864,
n°ˢ 846 et 879.)

Ventes judiciaires, Notaire commis. (*Revue*, 1864,
n°ˢ 988, 1135.)

Droits de mutation par décès sur les donations secon-
. daires pures et simples ou éventuelles. (*Revue*, 1865,
n° 1244.)

ÉTUDES des questions fiscales se rattachant aux nouvelles valeurs mobilières. (*Revue*, 1865, n° 1277;
1866, n°ˢ 1488, 1538; 1867, n°ˢ 1704, 1748, 2038,
2074.)

Liquidations et partages judiciaires, Procédure. (*Revue*,
n° 1347.)

Du Retour conventionnel. (*Revue*, 1867, n°ˢ 1825, 1859.)

De l'Acceptation des obligations par un clerc, mandataire verbal. (*Revue*, 1868, n° 1956.)

Communauté conjugale, Récompense, Rente viagère ré-
versible. (N° 2151.)

Honoraires des notaires pour administration volontaire
ou judiciaire. (*Revue*, n°ˢ 2223, 2255.)

Communauté conjugale. (Revue, n^{os} **2322, 2395.**)

Vente de récoltes. (Revue, n° **2449.**)

MÉNAGER

Ancien notaire à Sèvres *(Seine-et-Oise),* 1846-1877.

Exerça pendant trente-un ans; fit partie pendant dix-huit ans de la Chambre de discipline de Versailles, dont il fut six ans le président; était, au moment de sa mort, inattendue, président du *Comité des notaires,* dont il fut élu membre en 1862, vice-président en 1872, et président en 1874, après la mort de M. Jeannest Saint-Hilaire.

Toutes ces distinctions, conférées à M. Ménager par ses confrères avec une juste persistance, proclament, mieux que nous ne pourrions le dire, quel cas on faisait partout de sa haute intelligence, de son esprit de large conciliation et de l'excellence de son jugement. Sans jamais rien négliger des intérêts qui lui étaient confiés, il a toujours activement concouru aux travaux, soit de la Chambre de Versailles, soit du *Comité,* où il s'est montré le digne successeur de Jeannest Saint-Hilaire.

Le *Journal du Notariat* a, plusieurs fois, publié d'excellentes études sur les questions notariales, que sa modestie seule lui faisait oublier de signer. C'est lui qui, en 1869, fut chargé par le Comité, avec M. Rousseau,

notaire honoraire à Dreux, de rédiger ce remarquable
Mémoire sur le *Règlement amiable des honoraires des
notaires,* que l'assemblée du 20 octobre 1869 approuva
à l'unanimité et dont elle demanda l'impression, pour
lui donner une plus grande publicité. — Paris, 1870 ;
broch. in-8° de 94 pages.

Le notariat a perdu en Ménager un membre d'élite
et un collaborateur tout dévoué.

MÉRIGEL

Ancien notaire.

Fondateur de l'Instituteur du Notariat. *Cette publication périodique n'a vécu que cinq ou six années.*

MERMET (CLAUDE)

Ancien notaire ducal de Saint-Rambert en Savoie.

Auteur satirique fort estimé, du milieu du XVI° *siècle.*

Il y a lieu de croire que Mermet exerça les fonctions
notariales à Saint-Rambert, ou au moins dans le Bugey,
et non à Lyon, où il était venu demeurer pour surveil-
ler l'impression de ses œuvres, vers 1585. (Voy. Goujet, *Bibliog. franç.*, t. VII, p. 393, et t. XII, p. 359.)
Il est, en effet, qualifié de notaire *ducal,* et non *royal.*

11.

On a de lui :

LA BOUTIQUE DES USURIERS, avec le recouvrement et abundance de bleds et vins ; pièce composée d'environ 500 vers. — Paris, 1575, et Lyon, 1574, édition reproduite par M. Montaiglon dans le deuxième volume de son *Recueil*.

LA TRAGÉDIE DE SOPHONISBE, reine de Numidie, où se verra le désastre qui lui est advenu, pour avoir été promise à un mari et épousée par un autre. Traduite de l'Italien *Tressino* en françoys, par Claude Mermet. — Lyon, 1584.

LE TEMPS PASSÉ, de Claude Mermet de Saint-Rambert (en Savoye), œuvre poétique, sentencieuse et moralle, pour donner profitable récréation à toutes gens qui aiment la vertu. — Lyon, 1585.

Recueil rare dont Goujet a donné une analyse, et Du Verdier (*Bibliographie française*) indique une édition de Lyon, en 1583.

Le même recueil porte le titre suivant :

LE TEMPS PASSÉ, de Claude Mermet, contenant *le Bon droit des femmes, la Pièce de touche du vray amy, la Consolation des mal mariés,* de nouveau augmenté de *la Lamentation de la vieille mariée,* de *l'Advis de mariage,* et autres poèmes sentencieux et récréatifs, tels que : *la Propriété du réchaud, Cas merveilleux d'un saouldat qui mangea son cheval et son épée, Description remarquable des plus coutumiers calomniateurs des femmes ;* revu et corrigé par l'autheur même. — Lyon, 1585.

La Pratique de l'orthographe française, avec la manière de tenir livre de raison, coucher cédules et lettres missives ; composé par Claude Mermet, escrivain de Saint-Rambert, en Savoie. — Lyon, 1583.

La Venue et rencontre de Bontemps — Lyon (sans date).

C'est à Claude Mermet, si l'on en croit Du Verdier, qu'on doit les vers suivants, bien connus :

> LES AMIS DE MAINTENANT.
>
> Les amis de l'heure présente
> Ont le naturel du melon,
> Il en faut essayer cinquante
> Avant qu'en rencontrer un bon.

(Cons. Du Verdier, *Bibliographie française,* t. Ier, p. 352 ; — Michaud, *Biographie universelle ;* — Brunet, *Manuel du Libraire.*)

MICHOT (J.)

Notaire à Saint-Cloud (*Seine-et-Oise*).

*Ancien notaire à Coulommiers, président de l'*Association de prévoyance du notariat.

A publié :

ÉTUDES *sur la Réforme du Code de procédure civile.* De l'administration des biens de mineurs. Législation comparée. — Paris, 1866; broch. in-8º.

ÉTUDE *sur le Tarif des notaires, la Taxe et le Règlement amiable.* (*Revue du Not.,* 1869, nº 2301.)

ÉTUDE *sur les Sociétés coopératives.* (*Revue,* nºs 2370 et suiv.)

OBSERVATIONS PRATIQUES sur les formalités à remplir pour faire constater l'absence ou déclarer le décès des militaires disparus. (*Revue,* 1872, n° 3037.)

Du Droit au bénéfice de la taxe des frais d'adjudication. Revue de la jurisprudence. (*Revue,* 1872, n° 4177.)

De la Vente judiciaire des immeubles de peu d'importance. (*Revue,* 1877, n° 5328.)

ORIGINES DU NOTARIAT. HISTOIRE *de la forme des conventions et actes privés, depuis les temps les plus reculés.* — Paris, 1878, 2 vol. in-8°.

Dans cet important ouvrage, fruit d'une patiente érudition, M. Michot a entrepris de retracer les *origines,* ou plutôt les *antécédents* du notariat ; car, aux époques retracées par l'auteur, le notariat n'existait pas encore et les formalités minutieuses auxquelles étaient alors soumises les conventions ne s'appliquaient qu'à des actes faits en dehors de tout officier public. L'auteur n'a pas limité ses laborieuses recherches aux Gaulois et aux Francs, il remonte plus haut dans l'histoire et nous rappelle la façon dont les conventions étaient constatées chez les Grecs, les Romains, les Egyptiens, les Israélites. A cette liste, M. Michot, mettant à profit les découvertes modernes des savants assyriologues MM. Menant et Oppert, eût pu ajouter les Assyriens. Nous lui signalons ce petit oubli, pour la deuxième édition.

COMMENTAIRE de la loi du 28 février 1880, sur l'aliénation des valeurs mobilières appartenant aux mineurs et aux interdits. — Paris, 1880, broch. in-8°, et *Revue,* 1880, n° 5992.

———

MOLINEAU

Ancien notaire.

A publié :

TRAITÉ *des Contraventions notariales* à la loi organique du 25 ventôse an XI, à la vente des immeubles appartenant à des mineurs, aux formalités des testaments publics, au dépôt des contrats de mariage, etc. — Paris, 1853, in-8°.

Une nouvelle édition, publiée en 1864, a été augmentée d'un supplément résumant la jurisprudence depuis 1852, avec une étude de législation comparée de France et de Belgique, au point de vue de la transmission des offices.

PURGE HYPOTHÉCAIRE. Commentaire : 1° du chapitre VIII de la loi du 16 décembre 1851 ; 2° du titre II de la loi du 15 août 1854, sur l'expropriation forcée et la surenchère ; 3° et du titre III de ladite loi sur l'expropriation. — Paris et Bruxelles, 1855, in-8°.

CODE *des Bureaux de bienfaisance*, fabriques des églises, hospices, etc. — Paris, 1855, in-8°.

Législation comparée : Des Ventes forcées d'immeubles en France et en Belgique. — Paris et Bruxelles, 1862, in-8°.

(Compte rendu par M. Becker, *J. du Not.*, 1862, n° 1673.)

De l'Utilité du ministère des notaires, pour les actes intéressant les communes. (*J. du Not.*, 1863, n°ˢ 1817, 1818.)

MANUEL des *Déclarations de succession* et des droits de mutation par décès. — Paris, 1865, in-8°.

Une troisième édition a été publiée en 1876.

ÉTUDES *sur la législation fiscale.* Réformes proposées. — Paris, 1865 ; broch. in-8°.

GUIDE PRATIQUE *des Droits de mutation par décès.* — Paris, 1866, in-12.

Des Ventes judiciaires : Renvoi devant notaires. — Paris, 1865 ; broch. in-8°.

MANUEL *des Contrats de mariage des commerçants, en France et en Belgique.* — Paris et Bruxelles, 1867, in-8°.

LE VOEU DES PAUVRES : *Plus de dîme sur la misère!* 1° rétablissement du droit fixe d'enregistrement d'*un franc,* pour les dons et legs faits en faveur des pauvres, des hospices, des bureaux de bienfaisance et des fabriques d'église, comme sous le premier Empire ; 2° déduction des charges sur l'actif des successions. (*Pétition au Sénat.*) — Paris, 1869 ; broch. in-8°.

MANUEL *des Bureaux de bienfaisance.* — Paris, 1872, in-8°.

RÉPERTOIRE *de la Revue du Notariat;* table analytique, de 1861 à 1871. — Paris, 1872, in-8°.

Jurisprudence des Assurances sur la vie, en France et en Belgique. — Paris, 1877, in-8°.

Journal des Assurances sur la vie. Recueil trimestriel.

MONEYRAC (M.)

Ancien notaire à Mérignac (*Charente*), 1864-1870.

Officier d'académie (1877).

A fondé :

En 1873, *le Mandataire du notariat,* recueil hebdomadaire, *journal des intérêts pratiques des notaires,* qu'il
dirige avec succès, et où il a publié de nombreux et
intéressants articles de doctrine et de jurisprudence
notariales;

En 1877, *le Mandataire des avoués et des agréés,* dont
la publication a cessé en 1880.

MOREAU

Ancien notaire.

*Ancien président de la Chambre des notaires de l'ar-
rondissement de Loches.*

A publié :

IDÉE d'un projet de loi sur les honoraires et le tarif
des actes notariés. — Paris, 1844; broch. de 20 pages.

MOREL (Antoine)

Ancien notaire.

A publié :

Du Danger des actes sous seing privé. — Paris, 1869, in-8°.

MORIN (Jules)

Notaire honoraire.

A publié :

Traité *des Successions.* In-8° (sans date connue).

La Clef du droit pratique, et de la rédaction des ventes et des baux. — Paris, 1860, in-12.

NÉEL

Ancien notaire.

A publié :

Haro sur le papier timbré ! — Paris, 1862 ; brochure in-8°.

Étude fort judicieuse sur les frais de justice, timbre, enregistrement, poste, etc.

NICOLAS (AMÉDÉE)

Ancien notaire.

A publié :

MANUEL. *du Partage des successions.* — Paris et Marseille, 1855, chez Durand, in-8º ; 2º éd., 1866.

Ouvrage consciencieux, essentiellement pratique et fort utile a tous les hommes d'affaires. (Voy. art. crit. de Bergeron, *Revue critique*, t. VII, p. 479.)

Question sur la séparation des patrimoines. (Revue critique de législation, 1873, p. 662, 671.)

NIOBERT

Ancien notaire.

A publié :

LETTRES *sur la liberté du taux de l'intérêt.* — Paris, 1866, in-8º.

NIOBEY

Notaire à Bayeux (*Calvados*).

Ancien président de la Chambre des notaires de l'arrondissement de Bayeux, membre du Comité général *des notaires, chevalier de la Légion .d'honneur* (12 août 1866).

M. Niobey n'est pas seulement un notaire et un publiciste distingué ; la corporation a le droit de se rappeler et de citer avec honneur la belle conduite de M. Niobey en 1863, son dévouement et son initiative bienfaisante pour secourir les ouvriers sans travail de l'industrie cotonnière.

M. Niobey a publié :

OBSERVATIONS *sur la Réforme hypothécaire.* (*Écho Bayeusain* et *J. du Not.*, 1850, n° 650.)

LETTRE *sur la Réforme hypothécaire.* (*J. du Not.*, 1851, n° 663.)

Observations sur la Purge des hypothèques légales en matière de prêt. (*J. du Not.*, 1851, n°ˢ 673 et 684.)

De la Date de l'hypothèque légale de la femme dotale, relativement à ses immeubles aliénés. — Bayeux, 1853, 3ᵉ édit. Broch. in-8°.

La première édition a paru en 1846 ; la deuxième, en 1851. (Voy. aussi *J. du Not.*, n°ˢ des 18, 22, 26 et 29 août 1846.)

OBSERVATIONS sur la prochaine application de la loi du 23 mars 1855. (*J. du Not.*, 1865, n° 1101.)

OBSERVATIONS sur le Mode d'inscription des hypothèques légales. (*J. du Not.*, 1856, n° 1146.)

De la Suppression du droit de transcription sur les partages anticipés. (1861, broch. in-8°, et *J. du Not.*, 1864, n°ˢ 1928 et 1929 ; — 1867, n° 2213.)

OBSERVATIONS sur le Taux du rachat des rentes créées
sans expression de capital et sans stipulations parti-
culières pour leur remboursement, depuis la loi du
18 décembre 1790. — Bayeux, 1869, broch. in-8°,
et *J. du Not.,* 1868, n°ˢ 2295, 2296 et 2297.

NOEL.

Ancien notaire à Nancy (*Meurthe*).

A publié :

RECHERCHES HISTORIQUES *sur l'Origine du notariat* dans
le ci-devant duché de Lorraine et Réflexions sur les
droits, les devoirs et les prérogatives des notaires
actuels, avec un règlement et un tarif de tous les
actes de leur ministère. — Nancy, 1831, in-8°.

ODIN

Notaire à Trévoux (*Ain*).

A publié :

ÉTUDE *sur la Comptabilité notariale.* — Paris, 1877 ;
broch. in-8°.

Dans cette étude, l'auteur indique les différents registres de
comptabilité notariale dont la tenue lui paraît nécessaire ou
seulement utile, et donne des modèles de registres, divisés en
colonnes, en tête desquelles sont inscrites les énonciations que
chacun de ces registres doit contenir.

ORTIOU

Ancien notaire à Cosne (*Nièvre*).

A publié :

OBSERVATIONS sur les *Projets de réforme hypothécaire.*
(*J. du Not.,* n°ˢ des 27 décembre et 1ᵉʳ octobre 1845.)

PAULTRE (CHARLES-ÉMILE)

Ancien notaire à Nevers (*Nièvre*).

*Ancien président de la Chambre des notaires de l'ar-
rondissement de Nevers, ancien député de la Nièvre à
l'Assemblée nationale, de 1870 à 1872 (20 octobre).*

Fondateur du *Crédit foncier Nivernais* (1849), qui fut
absorbé par le *Crédit foncier de France,* et auquel ce
dernier emprunta une partie de son organisation.

Il a créé, en 1861, la *Revue du Notariat et de l'Enregistrement,* recueil périodique qui est devenu un des
organes les plus importants du notariat et qu'il a dirigé
jusqu'en 1872, époque de sa mort, avec un talent
exceptionnel et la rectitude d'esprit qui lui était propre.
Dans ses *Observations pratiques,* qui sont restées la
partie originale de son œuvre, qui ont été accueillies
avec tant de faveur et où la clarté et la logique s'al-
liaient à la facilité du style juridique, il s'est attaché à
défendre les intérêts du notariat et à aplanir les nom-

breuses difficultés auxquelles se heurte chaque jour la pratique notariale. Il serait trop long d'énumérer ici tous les articles donnés par Paultre à la *Revue*; il nous suffira d'en rappeler quelques-uns parmi les plus importants :

Du Principe des honoraires proportionnels. (*Revue du Not.*, 1861, n° 24.)

Des Exécuteurs testamentaires. (*Revue*, 1861, n° 75.)

Des Divers Régimes adoptés dans les contrats de mariage. (*Revue*, 1862 et s., n°ˢ 184, 203, 2421, 2481, etc.)

De l'Enquête sur l'établissement d'un tarif légal pour les actes notariés. (*Revue*, 1862, n° 201.)

Des Déclarations de succession. (*Revue*, 1862, n° 300.)

Des Origines de la propriété. (*Revue*, 1862, n°ˢ 388 et suiv.)

Des Partages d'ascendants. (*Revue*, 1863, n°ˢ 585 et 648.)

Des Contrats de société. (*Revue*, 1864, n°ˢ 693 et 716.)

De l'Imputation de la dot sur la succession du prémourant. (*Revue*, 1864, n°ˢ 931 et 1116.)

Des Obligations notariées à ordre ou au porteur, avec affectation hypothécaire. (*Revue*, 1865, n°ˢ 1036, 1063.)

Des Assurances sur la vie. (*Revue*, 1867, n°ˢ 1769 et suiv.)

12.

En outre de ces diverses *Observations pratiques,* Paultre a publié :

CODE GÉNÉRAL DES LOIS FRANÇAISES, contenant les codes ordinaires et toutes les lois usuelles d'un intérêt général, classées par ordre des matières et reliées entre elles par des renvois de concordance. — Paris, 2 vol. grand in-8°.

En collaboration avec M. Durand, ancien procureur général. La dernière édition a paru en 1879.

CAPHARNAUM. — Paris, 1869, 1 vol. grand in-8°.

Livre plein d'abandon et de pensées aussi justes que profondes, qui n'a pas été assez apprecié.

ÉTUDES *sur le Suffrage universel et la Loi électorale.* — Nevers, 1872 ; broch. in-8° de 24 pages.

PAVY

Notaire à Saint-Girod (*Savoie*).

A publié :

OBSERVATIONS sur le Projet de loi relatif aux interpellations à insérer dans les actes notariés de transmissions immobilières. (*J. du Not.,* 1862, n° 1694.)

PINGUET (ÉMILE)

Notaire à Paris.

Membre de la Société de législation comparée de Paris.

A publié :

NOTICE sur la loi du canton de Genève, du 5 septembre 1874, concernant les droits successoraux des enfants naturels et des conjoints survivants. (ANNUAIRE *de Législation étrangère,* 1875, p. 495.)

NOTICE et NOTES sur la loi fédérale suisse, du 24 décembre 1874, concernant l'état civil, la tenue des registres qui s'y rapportent et le mariage. (*Annuaire,* 1876, p. 714.)

NOTICE et NOTES sur la loi suisse, du 5 avril 1876, modifiant les titres II, V et VI du code civil, sur l'état civil et le divorce. (ANNUAIRE, 1877, p. 572.)

NOTICE sur la loi fédérale suisse, du 27 mars 1875, sur la taxe d'exemption du service militaire. (ANNUAIRE, 1878, p. 598.)

NOTICE sur la loi fédérale suisse, du 28 juin 1878, contenant la taxe d'exemption du service militaire. (ANNUAIRE, 1879, p. 558.)

PISSOT (C.-E).

Notaire à Doulevant-le-Château (*Haute-Marne*).

*Trésorier de l'*Association de prévoyance *du notariat.*

A publié :

Lettre sur l'application de l'article 9 de la loi du 23 mars 1855. (*J. du Not.,* n° du 3 décembre 1856.)

OBSERVATIONS *sur le Crédit foncier.* (*J. du Not.,* 1857, n° 1236.)

OBSERVATIONS *sur la vente des biens de mineurs et de successions bénéficiaires.* (*J. du Not.,* 1857, n° 1274.)

DISSERTATION *sur les Ventes judiciaires, les Partages et la Purge des hypothèques,* à l'occasion du projet de loi préparé par le gouvernement. (*J. du Not.,* 1868, n°s 2231, 2232, 2233.)

NOTICE HISTORIQUE SUR DOULEVANT-LE-CHATEAU, avec tableau et planches. — Wassy, 1874, in-8°.

PLESSIER

Ancien notaire à la Ferté-Gaucher (Seine-et-Marne).

A publié :

LETTRES sur les *Projets de réforme hypothécaire.* (*J. du Not.,* n°s des 15 novembre 1845 et 18 novembre 1846.)

PLOVIER

Notaire honoraire,

A publié :

TRAITÉ *sur les Hypothèques*. In-8°. (Sans date connue.)

PORLIER

Ancien notaire à Paris.

Est l'auteur de :

Traduction de l'*Énéide*.

Tableau historique de la France. (Sans date connue ;
cité par Jeannest Saint-Hilaire, p. 19.

RAINGUET

Ancien notaire à Saint-Fort-sur-Gironde (Charente-Inférieure).

A publié :

LE NOTARIAT, considéré dans ses rapports intimes et
journaliers avec la morale. — Paris, 1847, in-8°.

RÉGNAULT
Ancien notaire à Paris.

Cité par Jeannest Saint-Hilaire, p. 19, comme étant l'auteur de :

Continuation des Droits et Priviléges des notaires.

Mémoire sur la Pucelle d'Orléans.

Histoire des Avocats au Parlement, depuis saint Louis.

RÉMY (L.)
Ancien notaire à Soultz (*Bas-Rhin*).

A publié :

Recueil *des lois, décrets, décisions ministérielles, règles et principes sur les émoluments des notaires,* etc. — Paris et Strasbourg, 1813, in-8°.

RENAUD (J.-C.)
Ancien notaire à Besançon (*Doubs*).

A publié :

Tarif *des Notaires,* ou Instruction sur la perception des émoluments des notaires. — Besançon, 1815, in-8°.

Une deuxième édition a paru à Paris en 1816.

RICHARD (NICOLAS)

Ancien notaire à Metz.

Ancien président de la Chambre des notaires de Metz.

A publié :

OBSERVATIONS sur les honoraires applicables aux ventes de meubles. (*J. du Not.*, 1853, n° 904, et *J. du Not. et des Avoc.*, art. 15035.)

RIGAUD

Notaire honoraire à Toulouse (*Haute-Garonne*).

Créa une *École de Notariat* à Toulouse en 1834.

A publié :

DISCOURS *prononcé à l'ouverture de l'École de Notariat.* — Toulouse, 1834, in-4".

ROCHON DU VERDIER (J.-P.)

Ancien notaire à Billour (*Puy-de-Dôme*).

A publié :

ESSAI *sur l'Institution du Notariat.* — Paris, 1847, in-32.

Une deuxième édition a paru en 1856.

ROHAUT

Ancien notaire à Elbeuf (*Seine-Inférieure*).

Est l'auteur de :

OBSERVATIONS *sur la Purge des hypothèques légales.* (*J. du Not.*, 1851, nos 655, 666, 667 et 683.)

OBSERVATIONS *sur les hypothèques judiciaires.* (*J. du Not.*, 1851, nᵒ 694.)

OBSERVATIONS *sur la Réforme hypothécaire.* Droits de la femme mariée sous le régime dotal. (*J. du Not.*, 1851, nᵒ 700.)

OBSERVATIONS *sur la question des actes sous seing privé.* (*J. du Not.*, 1853, nᵒ 856.)

DISSERTATION *sur le mode d'inscription des hypothèques légales.* (*J. du Not.*, 1856, nos 1118 et 1126.)

DISSERTATION *sur le Privilège des frais de justice.* (*J. du Not.*, 1856, nᵒ 1162.)

DISSERTATION *sur la clause de franc et quitte.* (*J. du Not.*, 1857, nᵒ 1279.)

ROUGET

Notaire honoraire.

A publié :

PÉTITION à l'Assemblée législative sur la *Réforme hypo-*

thécaire, avec un projet de décret. (*J. du Not.*, 1851, n° 677.) — Paris, 1848, broch. in-8°.

Dissertation sur la composition des conseils de famille pour la nomination du subrogé-tuteur. (*Annales des Juges de paix*, 1869-1870.)

ROULLIER (G.)

Notaire à Hyères (*Var*).

A publié :

MANUEL PRATIQUE *de droit rural*, à l'usage des propriétaires ruraux, des cultivateurs, etc., suivi de notes et formules. — Hyères, 1861, in-8°.

Livre utile, que nous voudrions voir plus répandu.

ROUSSEAU

Ancien notaire à Dreux (*Eure-et-Loir*).

Notaire honoraire ; ancien président de la Chambre des notaires de Dreux ; membre honoraire du Comité *dont il fait partie depuis* 1855.

A publié :

OBSERVATIONS PRATIQUES *sur le Projet de loi hypothécaire*. 1849. Broch. in-8°. (Voir MÉNAGER.)

ROUSSET (Alphonse)
Ancien notaire.

A publié :

RAPPORT concernant la nouvelle loi sur la transcription hypothécaire, lu à la Chambre des notaires de Saint-Étienne, le 7 novembre 1855. — Saint-Étienne, 1856. Broch. in-8º de 8 pages.

MEMENTO *du Notaire* indiquant, dans un ordre alpha-bétique, ce qui forme la substance des actes et con-trats d'après les dispositions législatives et la juris-prudence; suivi d'un appendice sur les droits d'en-registrement. — Paris, 1862, in-12.

Une sixième édition a été publiée en 1872 par MM. Michaux et Garnier, et mise au courant de la législation, de la juris-prudence et de la doctrine.

TRAITÉ PRATIQUE des actes privés en matière civile, commerciale, administrative de *Malepeyre*. Nouvelle édition, revue et augmentée. — Paris, 1862, in-12.

CODE USUEL des gardes-champêtres, des gardes parti-culiers, etc. — Paris, 1863, in-8".

CODE ANNOTÉ de la législation civile, concernant les églises, presbytères, cimetières, etc. — Paris, 1864, in-8".

GÉOGRAPHIE *du Jura* : Topographie, statistique, ad-ministration, histoire, agriculture, industrie, com-merce, etc. — 1874, in-18.

ROYBET

Ancien notaire à Tournon (*Ardèche*).

A publié :

Observations pratiques sur la question du tarif légal.
1852. Broch. in-8° et *J. du Not.*, n° du 24 mars
1852.

SAEVELLE

Ancien notaire.

A publié :

ÉTUDE sur les avances auxquelles les notaires sont
assujettis et de l'intérêt qui leur est dû. Broch. in-8°.
(Sans date connue.)

SALATHÉ

Ancien notaire à Mulhouse.

*Ancien président de la Chambre des notaires de
l'arrondissement de Mulhouse.*

A publié :

Rapport à la Chambre des notaires sur l'insuffisance
des conditions d'admissibilité aux fonctions de notaire. (*J. du Not.*)

SCHOLL

Ancien notaire de la *Charente*.

Créa et dirigea l'*École de Notariat* de Bordeaux, du 3 novembre 1831 à 1860. Esprit droit, méthodique, précis, M. Scholl apporta dans son enseignement un zèle, un talent qui ne se démentirent point et dont il fut amplement récompensé par le succès de ses cours et la prospérité de son école; il fut obligé de se retirer, brisé par trente années d'un travail qui n'avait pas connu une heure de défaillance, la vue affaiblie par d'immenses lectures et des recherches continuelles, mais rassuré sur l'avenir de son œuvre, qui devait être poursuivie avec succès par M. Seignat d'abord, ensuite par M. Dupond, directeur actuel.

Voici comment ce notaire, qui aimait passionnément son état, a été apprécié par un de ses successeurs à l'école, M. Dupond :

« M. Scholl avait le goût du travail intellectuel et la passion de l'étude du droit, à laquelle il s'était adonné avec ardeur dès sa jeunesse. A ses yeux, tout notaire devait être jurisconsulte. Clerc de notaire, c'est avec une véritable commisération pour ses camarades qu'il les avait vus borner leur travail à un stage fait sans ordre, sans méthode et, partant, sans intelligence; notaire, il ne comprenait pas qu'on pût en exercer les fonctions sans une connaissance approfondie du droit civil; sans elle, il ne voyait que routine aveugle, embarras et périls inextricables[1]... »

Malheureusement, M. Scholl n'a rien publié de ce cours si pratique, si bien approprié aux besoins de ceux à qui il était destiné. La science notariale ne possède de lui que deux *Études* fort courtes.

DISSERTATION *sur l'interruption du stage notarial.* (Reproduite par Dalloz. V. *Notaire,* p. 621 et 622, *note 2.*)

DISSERTATION sur la question de savoir si le stage passé dans une étude de 1re classe ne compte double à l'aspirant qu'autant qu'il a été de trois années. (Cité par Dalloz. V° *Notaire,* pp. 626 et 627, *note 2.*)

SELLIER (F.-M.)
Ancien notaire.

A publié :

TRAITÉ *sur la Transcription hypothécaire.* — Paris, 1856, in-18.

MANUEL DES NOTAIRES, contenant un nouveau Dictionnaire des formules de tous les actes des notaires, et un commentaire avec supplément jusqu'en 1863. — Paris, 5 vol. in-4°. — La première édition date de 1844-47.

Ouvrage très important, mais où les matières sont classées dans un ordre qui rend les recherches difficiles.

1. *Notice* sur l'École de notariat de Bordeaux, par M. Dupond, docteur en droit, officier d'Académie. — Paris, 1880, p. 17.

13.

SERIEYS (J.-J.-S.)

Ancien notaire à Aurillac (*Cantal*).

Ancien membre associé de l'Académie de Vaucluse.

A publié :

Nouveau Répertoire *de la jurisprudence et de la science du notariat,* depuis son organisation, contenant l'extrait et l'analyse des meilleurs ouvrages et de tout ce qu'il y a de plus intéressant sur cette matière, avec notes et formules. — Paris, 1828, in-8°.

SERRET (J.-C.)

Ancien notaire à Aubenas (*Ardèche*).

A publié .

Discours *sur la profession de notaire.* — 1840, in-8".

SOUCAZE

Notaire à Campan (*Hautes-Pyrénées*).

A publié :

Pétition au Sénat sur les honoraires des notaires, la compétence en pareille matière, le tarif, etc. — Bagnères, 1869; broch. in-8°.

SOUY

Ancien notaire à Thorigny (*Yonne*).

Ancien président de la Chambre des notaires de l'arrondissement de Sens.

A publié :

ÉTUDES *sur le Cadastre :* Carte cadastrale pour la commune de Thorigny. (*Moniteur de la propriété,* 4 décembre 1869.)

STENFORT

Ancien notaire à Pacé (*Ille-et-Vilaine*).

A publié :

PROJET de suppression de la vénalité des offices de notaires. 1852, in-8°.

SUIN

Ancien notaire à Soissons (*Aisne*).

Ancien président de la Chambre des notaires de Soissons.

Un des membres les plus honorables et les plus distingués du notariat français. Littérateur érudit, profond, toujours écouté dans les sociétés savantes dont il faisait partie ; tous les travaux sortis de sa plume et dont nous ne pouvons ici que rappeler une bien faible

partie, car ils se composent principalement de rapports
et mémoires qui n'ont pas été publiés, sont frappés au
coin de la science et de la distinction. Plusieurs fois
président de la Chambre des notaires de Soissons, il fut
délégué, dès la fondation du *Comité* des notaires, par
sa compagnie, pour y soutenir les intérêts de l'institution, et pendant plus de trente ans il ne cessa d'en
faire partie.

Nous citerons de lui :

NOTE HISTORIQUE sur le sens du *gnomon* figuré sur les
jetons de la Chambre des notaires de Soissons et de
la devise : *Lex est quodcumque notamus*. (*Bulletin*
de la Société archéologique de Soissons, 1853,
t. VII, p. 34, et *J. du Not.*, 1862, n° 1702.)

ÉTUDE sur les Minutes des anciens notaires de Soissons.
(*Bulletin* de la Société historique et archéologique
de Soissons, 1857, et *J. du Not.*, 1857, n° 1207;
1864, n° 1895, et 1865, n° 1961.)

TARNEAU (JULES)

Notaire à Clermont-Ferrand (*Puy-de-Dôme*).

Membre de plusieurs académies et sociétés savantes.

A publié, en outre de nombreux articles non signés
dans diverses revues :

La Nouvelle Loi notariale italienne, NOTES ET TRA-
DUCTION. (*Revue du Not.*, 1877, n°ˢ 5365, 5406,
5426, 5497, 5579, 5969.)

De la Publicité des contrats de mariage. (*Revue*, 1877,
n° 5478.

Études de législation notariale étrangère. (*Revue*, 1878,
n°ˢ 5619-5676.)

LE NOTARIAT FRANÇAIS, *journal hebdomadaire*, qui a
paru en novembre 1878.

Ce recueil fort intéressant, mais qui avait le tort de ne pas
parfaitement répondre à son titre en n'étant pas exclusivement
notarial, a cessé de paraître en novembre 1879.

TRÉMOULET

Notaire à Villeneuve-sur-Lot.

*Ancien président de la Chambre des notaires de l'ar-
rondissement de Villeneuve-sur-Lot.*

A publié :

OBSERVATIONS *sur la réforme hypothécaire.* —Villeneuve-
sur-Lot, 2 broch. in-8°, et *J. du Not.*, 1851, n°ˢ 712
et 713.)

De la Réforme hypothécaire. — Villeneuve-sur-Lot,
broch. in-8°, 1853.

Dans cette brochure, M. Trémoulet réclame un remaniement
total de notre système hypothécaire et en propose les bases.

Le Régime hypothécaire et le sens commun. — Paris, 1860, in-8° de 231 pages.

Nécessité d'une réforme en matière hypothécaire. Pétition au Sénat. — Villeneuve-sur-Lot, 1864, broch. in-8°.

Du Cadastre, dans ses rapports avec la propriété foncière. (*J. du Not.*, 1866, n° 2074.)

OBSERVATIONS *sur le Projet de loi des ventes judiciaires.* (*J. du Not.*, 1868, n° 2242.)

Enquête agricole. De la Nécessité de rattacher à l'inscription cadastrale la preuve de la propriété foncière. — Paris, 1868; broch. in-8°.

Du Cadastre, considéré comme preuve de la propriété foncière. (*J. du Not.*, 1869, n° 238.)

De la Possibilité de *refaire le cadastre promptement et sans frais.* — Villeneuve-sur-Lot; broch. in-8°, et *J. du Not.*, 1874, n°s 2774, 2775 et 2777.)

DU CADASTRE et de l'organisation de la propriété foncière en Algérie. (*J. du Not.*, 1872, n° 2542.)

LE CADASTRE : Préjugés sur les difficultés et les frais de la rénovation. (*J. du Not.*, 1875, n°s 2866 et 2867.)

M. Trémoulet envisage surtout la revision cadastrale au point de vue de la sécurité hypothécaire, sans perdre de vue l'amélioration de la répartition de l'impôt, qui en serait la conséquence. Il a commencé à s'occuper de cette question à l'époque où parurent les projets de réforme hypothécaire qui ont abouti à la loi de 1855. Il a publié à cette occasion des articles et bro-

chures tendant à démontrer que l'on s'engageait dans une fausse
voie ; il a même fait à ses frais, à Champigny-sur-Marne, une
expérimentation de son système, qui permettrait, d'après lui, de
démontrer la possibilité d'accomplir, à peu de frais et en peu
de temps, la réforme cadastrale. Enfin il a publié sur ce sujet
de nombreux articles dans *l'Économiste français,* le *Journal
du Notariat,* la *Revue de France,* le *Droit,* dans la *Revue critique de législation* et le *Moniteur universel.*

(Bibliographie raisonnée du droit civil, par M. Dramard.)

Projet de loi sur l'inscription des droits immobiliers.
(*Revue critique* de jurisprudence, 1880, et *J. du Not.,*
1880, n° 3290.)

TRÉPAGNE

Notaire à Paris.

Reçoit, en 1864, de la *Société centrale* d'agriculture
de France, une médaille d'or, pour sa

Statistique agricole du canton de Limours. —
1864, in-8° ;

Et l'idée d'une institution de *colonie agricole* à
l'établissement hospitalier de Forges-les-Bains.

VAURY

Ancien notaire.

A publié :

Nouveau Manuel du Capitaliste, ou calcul instantané
du temps et des intérêts. — Paris, 1877, 1 vol. in-8°.

VÉLAIN (L.)

Ancien notaire à Mulhouse (*Bas-Rhin*).

A publié :

COURS ÉLÉMENTAIRE *du Notariat français,* traité pratique et méthodique de la science du notariat, avec formules. — Paris, 1851, in-8°.

***

VÉRIEN (JULES)

Ancien notaire.

A publié plusieurs opuscules peu connus et dont il ne nous a pas été possible de retrouver la date, notamment :

Le Notariat dans les campagnes. In-8°. (Sans date connue.)

Le Notariat à l'étranger. Broch. in-8°. (Sans date connue.)

***

VERNET (E.-L.)

Ancien notaire à Montpellier (*Nîmes*).

A publié :

DU TARIF DES NOTAIRES; ouvrage au moyen duquel chaque notaire peut se procurer un tarif approprié à la localité qu'il habite, connaître ses droits et ses devoirs sur la taxe et le payement de ses actes et vacations, etc. — Paris et Montpellier, 1829, in-8°.

***

VRAYE (P.-C.)

Ancien notaire à Compiègne (*Oise*).

Ancien président de la Chambre des notaires de l'arrondissement de Compiègne, membre fondateur de la Société des Agriculteurs de France.

A publié :

OBSERVATIONS *sur la réforme hypothécaire.* Suppression de la notification aux créanciers inscrits. (*J. du Not.,* 1851, n° 695.)

DU REMBOURSEMENT DES OFFICES MINISTÉRIELS *et de la suppression de leur vénalité.* — Paris, 1860, in-8°.

L'AGRICULTURE ET LA PROPRIÉTÉ FONCIÈRE, en face des lois fiscales, des lois de procédure et de la vénalité des offices. — Paris, 1870, in-8°.

Livre intéressant et instructif, où l'auteur recherche, dans les conditions inhérentes à l'amélioration du sol, à l'accroissement des produits, à la modération du prix de revient, et dans la législation économique, civile et fiscale, les moyens propres a conjurer la *crise agricole* et à améliorer la situation des agriculteurs.

LE BUDGET DE L'ÉTAT comparé, expliqué et mis en lumière dans ses détails; réforme financière, judiciaire, administrative. — Paris, 1875, in-8°.

Voy. compte rendu dans le *Bulletin* de la Société de législation comparée; 1878, p. 64-65.

SECONDE PARTIE

SECONDE PARTIE

OUVRAGES ANCIENS ET MODERNES

RELATIFS A LA SCIENCE NOTARIALE

ET PUBLIÉS
SANS NOMS D'AUTEURS, OU PAR DES JURISCONSULTES
ÉTRANGERS AU NOTARIAT

Liber unus de *officio notariorum,* de Fuscarius. — Bologne, 1205.

Formulaire ou protocolle pour les notaires. — 1470.

ARS NOTARIA, de Rolandino de Padoue. — Turin, 1479.

Le plus célèbre des auteurs anciens qui aient écrit sur le notariat ; fils d'un notaire, il exerçait lui-même cette profession, en même temps qu'il enseignait à l'université de Padoue. On trouve une édition de ce livre imprimée à Lyon en 1500.

De excessibus et erroribus notariorum, de Tassara. — Francfort, 1511.

Ars notariatus, notariis admodum necessaria. — Paris, 1515, in-8°. — Lyon, 1562, in-4°.

Formulare instrumentorum, addita arte *notariatus*. — Paris, 1522-1534.

De arte notaria, de Jacobus Gohorius. — Paris, 1550.

Doctrinale florum *artis notariæ*, seu formularium instrumentorum, de *Marcileto,* cum allegationibus utriusque juris, canonici et civilis, additis per magistrum *Joannem* de *Gradibus*. — Lyon, 1550, in-8°.

Le *Prothocolle,* l'art et stille des tabellions, notaires, secrétaires, greffiers, sergents, scelleurs et autres personnes publiques, pour apprendre à rédiger par escript tous contrats, instrumens, etc., de *Langelier*. — Paris, 1550; 2ᵉ éd. en 1553; 3ᵒ éd. en 1589.

Théorique de l'art *des notaires,* pour cognoistre la nature de tous contracts et de tous les points de droict qui concernent l'estat et office de notaires, de *Pardoux du Prat,* docteur ès-droict. — Lyon, 1572; deux autres éditions ont paru en 1582 et 1589.

Pratique de l'art *des notaires,* contenant les formes de minuter et grossoyer toutes sortes de contracts, du même auteur. — Lyon, 1582, in-12.

Ces deux ouvrages, bien que l'auteur ne l'ait pas mentionné, ne sont que la traduction du livre de Rolandino, *Artis notariatus,* publié à Lyon, en deux volumes, en 1550.

Le *style et protocolle des notaires.* — Paris, 1574, in 8°.

Recueil de plusieurs édits, règlements et arrêts, con-

cernant la création et establissement des offices de
notaires, garde-notes royaux en la province de Normandie. — Paris, 1587, in-4°.

Conférences sur le Notariat, de Guénois. — Paris, 1596,
in-f°.

TRAITÉ *du notariat*, de Samson Herzog, écrit en allemand. — Strasbourg, 1599, in-f°.

Le vray et parfait instructif de la *théorie et pratique
générale des notaires* de Paris, de *C. de Beaune*,
praticien. — Paris, 1605; autre éd. en 1665, in-8°.

De affinitate notariorum libellus notariatus artem con-
tinens, de J. Brouet. — Paris, 1605, in 8°.

Remontrance au roi (Henri IV) pour le résoudre à ôter
aux faux notaires les moyens d'antidater et de varier,
d'altérer et de supposer les feuillets de leurs livres,
de Jean de Croset. — Lyon, 1610, in 8°.

Chartes, lettres et *titres* des pouvoirs et facultés attri-
bués aux notaires, garde-notes, au Chastelet de Paris. — Paris, 1619, in-4°.

Recueil des édits de création des offices de notaires, tabellions et garde-notes héréditaires. — Paris, 1633,
in-8°.

Le parfait notaire, de Claude Berguère, conseiller d'État.
— Genève, 1635.

Le vray *style* et *protocole des notaires royaux,* contenant
toutes obligations, contrats, quittances et autres actes,
de Rochette. — Paris, 1644, in-8°.

Discours pour montrer qu'un gentilhomme ne déroge point à la noblesse par la charge de notaire au Chastelet de Paris, de Pageau. — Paris, 1650, in-4°.

Nouveau style général des notaires apostoliques. — Paris, 1654, in-8°; 2ᵉ édit., 1672, in-4°.

Statuts et règlements de la communauté des notaires au Châtelet de Paris, faits en l'année 1651. — Paris, 1666, in-4°.

Bibliothèque du droit français, de Bouchel. — Paris, 1671, 3 vol. in-f°.

Le nouveau et parfait notaire françois, de Jean Cassas, praticien. — Paris, 1672, in-8°; nouvelle édition corrigée par Bruneau. — Paris, 1723, in-8°.

Édits et déclarations du roi et arrêts du conseil d'État, concernant les offices de conseillers, notaires et garde-notes de Sa Majesté en son Chastelet de Paris. — Paris, 1674, in'8°.

Statuts et règlements de la communauté des conseillers du roy, notaires, garde-notes au Châtelet de Paris. — Paris, 1687, in-4°; 1711, in-4°.

La science parfaite des notaires, de Claude Ferrière. — Paris, 1682, in-4°.

Plusieurs éditions de cet ouvrage estimé ont été publiées par l'auteur, la cinquième notamment en 1699; puis par Claude-Joseph Ferrière, son fils, en 1715, 1721, 1728 et 1733, par de Vismes, en 1752, 1761 et 1771. 2 vol. in-4°.

Recueil des édits, etc., concernant la suppression des

offices de garde-scel et création de vingt offices de notaires. — Paris, 1698, in-4°.

Réflexions morales sur les *devoirs des notaires* et sur leurs défauts. — Paris, 1692, in-12.

Diverses observations de droit, divisées en cinq livres, le premier desquels contient plusieurs recherches des *offices des notaires* et *tabellions royaux,* etc., de Maurice Bernard, conseiller du roy. — Bordeaux, 1717, in-4°.

Le notaire Belgique, de Huygens. — Bruxelles, 1755, in-8°.

Mémoire et réfutation de ce qui est dit de l'origine des notaires, de leurs fonctions et de leurs prérogatives, dans la collection des *décisions nouvelles,* de M. Denisart de Renaud. — Paris, 1768, in-4°.

TRAITÉ *des connaissances nécessaires à un notaire,* de Blondela. — Paris, 1774-1776, 5 vol. in-12; 2ᵉ édit. 1788-1790, 6 vol.

L'introduction de cet ouvrage renferme des notions intéressantes et curieuses sur l'origine des notaires, leurs fonctions. L'ouvrage lui-même n'est pas sans valeur et peut être consulté avec fruit. L'auteur était clerc de notaire à Paris.

Le parfait notaire apostolique, de Jean-Louis Brunet, avocat au parlement. — Paris, 1730; 2ᵉ édit., 1775, 2 vol. in-4°.

CODE et GUIDE *des notaires publics,* ou recueil des décrets intéressant les notaires, avec de nouvelles for-

mules, de Guichard. — Paris, 1792, 3 vol. in-12;
2ᵉ édit., 1799-1803, 4 vol. in-12.

Une traduction italienne de cet ouvrage a paru à Bologne
en 1806.

Guide des notaires et des employés de l'Enregistrement.
— Paris, 1799, 6 vol. in-8°

Répertoire général, par ordre alphabétique, des dispositions législatives, organiques et réglementaires du
notariat, de Tiphaine. — Paris, 1802, in-8° ; 2ᵉ édit.,
1809, in-8°.

Organisation du notariat, contenant la loi du 25 ventôse,
an XI, les motifs et le rapport fait au tribunal, par
Favard de Langlade. — 1803, in-12.

Opinion sur *l'origine* et *l'établissement des notaires,*
par Favard de Langlade. — Paris, 1803, brochure
in-8°.

Nouveau style des notaires de Paris, de Commailles,
avocat. — Paris, 1803, 6 vol. in-8°.

Tableau des notaires de l'empire français, de Delepierre,
employé au ministère du Grand Juge. — Paris,
1805, in-8°.

RÉPERTOIRE *de la législation du notariat,* de Favard de
Langlade. — Paris, 1807, in-4°; 2ᵉ édit., 1829-1830,
2 vol. in-4°.

Éléments de la science notariale, de Loret, avocat, éditeur des *Annales du notariat.* — Paris, 1807, 3 vol. in-8°.

Essai sur les obligations que les lois imposent aux *no-*
taires, et sur les règles, soit spéciales, soit particu-
lières, des actes notariés, de Fouquet, avocat. — Paris, 1809-1810.

Code notarial, ou recueil chronologique des lois, arrê-
tés, décrets, avis, arrêts et instructions ministérielles
concernant le notariat, par le secrétaire de la Chambre
de discipline de Riom. — Riom, 1811, in-8°.

Traité du Notariat, de J. Van de Liden. — Amsterdam,
1812, 4 vol. in-8°.

FORMULAIRE *des notaires,* de Rippert jeune. — Paris,
1812, in-8°.

Analyse raisonnée et Conférences des opinions des Com-
mentateurs de la loi organisatrice du notariat. —
Fontenay-le-Comte, 1812, in-8°.

Manuel des Contraventions et nullités relatives au notariat, par Roy, inspecteur des domaines à Chaumont. — Chaumont, 1814, in-8°.

De la nécessité d'ériger en titre d'offices les fonctions
de notaires, avoués, etc., avec un appendice contenant des *Observations sur le notariat,* et le projet
d'une nouvelle organisation, par Rolland de Villargues, jurisconsulte. Suivi d'un tableau des *Ouvrages*
publiés sur le notariat, par Fouquet, avocat. — Paris,
1815, in-8°.

Mémorial des notaires et des employés de l'Enregistrement, ou traité des obligations et devoirs des notaires, par Pertuis. — Blois, 1818, in-8º

Nouveau manuel des notaires, par J. P. et J. B. T., avocats. — Paris, 1818, in-8º.

Une deuxième édition a paru en 1822. 2 vol. in-8º.

Almanach de MM. les notaires et avoués du royaume de France, par Maugeret, avocat. — Paris, 1819, in-12.

Manuel des clercs de notaires. — Senlis, 1819, in-12.

Introduction au notariat, par Lequien, ancien praticien. — Paris, 1820, in-12.

Essai sur le notariat, par Dupuis. — Paris, 1820, in-8º.

Dictionnaire du notariat, par les jurisconsultes rédacteurs du *Journal des Notaires.* — Paris, 1821-1822, 5 vol. in-8º.

Quatre éditions de cet important ouvrage ont été publiées : la dernière, composée de treize volumes in-8º, de 1854 à 1866. — Un supplément à cette quatrième édition est en cours de publication ; le premier volume a paru.

La *Clef du notariat,* ou Exposition méthodique des connaissances nécessaires à un notaire, de Ledru, principal clerc de notaire. — Paris et Senlis, 1822, 1 vol. in-8º ; 2ª éd., 1825.

Le VADE-MECUM *du notaire* et du praticien, ou dictionnaire de poche du Notariat.—Paris, 1824, in-8º.

Du Notariat dans l'intérêt de la Société. — Paris, 1826, in-12.

RÉPERTOIRE *de la Jurisprudence du notariat,* sous la direction de Rolland de Villargues, conseiller à la cour de Paris. — Paris, 1827 à 1831, 7 vol. in-8°; une 2° éd. a paru en 1845, 9 vol. in-8°.

Tableau synoptique de la législation sur le notariat, présentant les conditions d'admission, le mode de nomination et les cas de suspension, destitution, exclusion, etc. — Paris, 1828, in-4°.

Nouveau formulaire du notariat, par les auteurs du *Dictionnaire du notariat.* — Paris, 1828, in-8°.

Opinion de M. Dupin aîné, sur la création d'un *Tarif légal* des honoraires des notaires. — Paris, 1829. Broch. in-8°.

Tarif général des émoluments, honoraires et salaires que les notaires, les avoués, les huissiers sont autorisés à percevoir, par Courgibet, homme de loi. — Paris, 1829, in-8°.

Plaintes et mémoires sur plusieurs contraventions à la loi organique du 25 *ventôse an XI,* par Rodier. — Paris, 1829, in-4°.

Code des notaires ou Recueil des lois, décrets, etc., en vigueur dans les Pays-Bas, rendu d'après l'organisation du notariat en 1791, par Sanfourche-Laporte; — Bruxelles, 1830, in-8°.

15

La philosophie du notariat, de Chardel. — Paris, 1832, in-8°.

Le notaire des gens de la campagne, traité contenant les devoirs des notaires, la taxe de tous leurs actes, le mode de procéder à cette taxe, etc., par Chenu. — Paris, 1833, in-8°.

Le régulateur des notaires, présentant le tarif général de tous les actes que les notaires peuvent ou doivent recevoir. — 1833, in-plano.

Commentaire de la loi du 25 ventôse an XI, sur l'organisation du notariat, par Gagneraux, rédacteur du *Mémorial du notariat.* — Paris, 1834, 2 vol. in-8°.

Annuaire général de la magistrature, du notariat et des officiers ministériels, par Joye, chef du bureau du notariat au ministère de la justice. — Paris, 1834, in-8°.

Mémoire sur la responsabilité des notaires en second présenté à la Chambre des Députés, le 20 mars 1834, par Trioullier. — In-8°.

Recueil pour les notaires de l'arrondissement de Gap.— 1835, in-8°.

Du notaire en second et de la nécessité de modifier l'art. 9 de la loi du 25 ventôse an XI, par Drion. — Paris, 1836, in-8°. .

Code du notariat, par Rolland de Villargues. — Paris, 1836, 1 vol. in-8°.

Recueil fort utile à qui veut connaître les origines du notariat français.

Du droit des officiers ministériels de présenter leurs successeurs, par Dard. — Paris, 1836, in-8°.

De la vénalité des charges, par Bavoux. — Paris, 1838, in-8°.

Observations relatives au notariat, sur le nombre des notaires, la suppression des notaires, etc. — 1838, in-8°.

Réflexions sur la création et la transmission des offices et *charges de notaires,* avoués, etc., par G. Dumons. — 1839, in-8°.

Rapport sur deux pétitions relatives à la transmission des offices, à leur nombre, à la demande d'un tarif unique pour les actes des officiers ministériels, par de Villiers du Terrage. — 1839, in-8°.

Réflexions sur la vénalité des offices. — 1839, in-4°.

Réforme nécessaire du notariat en France, de Péclet. — Paris, 1839, in-8°.

Questions sur la transmission des offices, résolues d'après la jurisprudence et les décisions ministérielles, par Joye. — Paris, 1839, in-8°.

Opinion sur la vénalité des officiers ministériels, par Sarget. — 1839, in-8°.

Les vendeurs chassés du temple; Conseils au gouvernement sur la nécessité d'abolir la vénalité des charges. — 1840, in-4°.

De la transmission des offices, des contre-lettres et des

poursuites disciplinaires auxquelles elles peuvent donner lieu. — 1840, in-8°.

Du droit de propriété et de transmission des offices ministériels, par Bataillard. — Paris, 1840, in-8°.

Considérations sur les états privilégiés et *Projet de loi organique du notariat.* — Paris, 1840, in-8°.

Réponse à la brochure sur *le notariat* de Feuilleret, par Lejeune. — Paris, 1841, in-8°.

De la vénalité des offices relativement au notariat, suivi d'un *Projet de loi motivé sur le notariat.* — Paris, 1840, in-8°.

Projet d'organisation du notariat, par E. Leroy. — 1841, in-8°.

Opuscule sur le notariat, pour la solution des graves et importantes questions qui s'y rattachent. — 1841, in-8°.

Essai d'histoire et de jurisprudence du notariat, par Tojan. — 1841, in-8°.

Manuel des notaires, avec dictionnaire des formules de tous les actes. — Paris, 1841-46, 3 vol. in-4°.

Tenue des livres à l'usage des notaires, par Garnier.— Paris, 1841, in-8°; 2ᵉ éd. 1843.

Mémoire sur les moyens d'abolir la vénalité des offices tout en ménageant les intérêts privés des titulaires actuels, par un *ancien notaire.*

Opuscule sur la réforme à apporter à la *Législation du notariat.* — 1843, in-8°.

Traité de la Législation nouvelle du notariat, par Gand. — 1843, in-8°.

Traité de la Responsabilité des notaires, par A. Pagès. — 1843, in-8°.

Code pénal des notaires, ou indicateur général des pénalités et des amendes comminées contre ces officiers, suivi d'un appendice sur les cas de nullité des actes, par Coen. — Bruxelles, 1843, in-8°.

Manuel du notariat en Alsace, précédé d'une histoire du notariat, etc., par Lobstein, avocat. — 1844, in-8°.

Manuel des notaires de l'arrondissement de Châlons-sur-Marne. — 1844, in-8°.

Généalogie de tous les offices de l'arrondissement de Marseille. — 1844, in-4°.

Traité *de l'admission au notariat,* par Favier-Coulomb, avocat. — Paris, 1844, in 8°.

Demande à M. le Garde des Sceaux, par les notaires des cantons ruraux du département de la Seine et consultation sur la réformation des règlements proposés par la Chambre dans les dispositions relatives au *partage des honoraires.* — 1845, in-4°.

Des notaires au moyen âge. — 1845, in-8°.

Considérations sur l'état présent du notariat, par Moras. — 1846, in-8°.

Nouveau Formulaire du notariat, par les rédacteurs du *Journal des Notaires et des Avocats.* — Paris, 1846, 2 vol. in-8°.

Manuel du notariat, ou recueil de formules, par Bavoux. — 1846, in-32.

Essai sur la réorganisation du notariat, de Bonjean. — Liège, 1847, in-8°.

Législation du notariat, ou commentaire des lois relatives au notariat, par Favier-Coulomb. — Paris, 1848, in-8°.

Traité sur la vénalité et propriété des offices, par Paul Bonnet, avocat. — Paris, 1848, in-8°.

De la vénalité des offices, relativement au *notariat,* suivi d'un *Projet de loi sur le notariat,* par un notaire. — Paris, 1848, in-8°.

Mémoire sur la propriété des offices de *notaire,* par Eug. Mascré. — Paris, 1848, in-8°.

Mémoire présenté à la commission belge sur la *Réorganisation du notariat,* par Xavier Gheysens. *(J. du Not.* 1849, n° 464.)

Précis sur la réforme du régime hypothécaire, délibéré par la *Chambre des notaires* de l'arrondissement de Compiègne. — 1850, in-8°.

Examen de la clause de voie parée, par la *Chambre des notaires* de Paris. — 1850, in-4°.

Le Taxateur des notaires, ou tarif légal et raisonné de

tous les actes que les notaires peuvent et doivent recevoir, etc., par Corgibet et Buchoz–Hilton. —
1850, in-8°.

Projet de tarif des actes notariés, par Eugéne Pai-
gnon, avocat à la Cour de cassation. — Paris, 1851,
in-8°.

Sur la fermeture des *Études de notaires* le dimanche,
par Joubert. — 1852, in-8°.

Note présentée par la *Chambre des Notaires de Paris,*
sur la proposition de l'établissement d'un *Tarif légal*
des actes notariés. — 1852, in-4°.

Manuel du Droit notarial, par Rutgeerts, professeur de
droit à l'université de Louvain. — Louvain, 1853,
in-8°.

Notaires, avances, intérêts. Examen doctrinal, par Paul
Pont. — (*Revue critique,* 1853, t. III, p. 259-272.)

Esquisse d'un *Projet de transformation du notariat en
magistrature,* par Leroy. — 1854, 1 vol. in-8°.

Nouveau *Manuel des aspirants* aux fonctions de notaire, par Combes. — 1854, in-8°.

Origines judiciaires, notaires, avoués, agréés, par de
Bast. — Paris, 1855, in-8°.

Manuel du clerc de notaire, ou précis des connaissances
nécessaires aux aspirants au notariat, par Lefébvre-
Bisson et Dorville. — Paris, 1854, in-18.

Les Archives de la France, ou *Histoire des Archives*
de l'Empire, des archives des ministères, des dépar-

tements, des communes, des hôpitaux, des *greffiers* et des *notaires*. — Paris, 1855, in-8°.

D'une pratique vicieuse de quelques *notaires*, par Merville, avocat général. (*Revue pratique*, 1856, t. Ier, p. 308-314.)

Guide pratique du clerc de notaire, contenant un essai historique sur la cléricature, la législation cléricale postérieure à l'an XI, suivi de projets de réforme, par Méténier. — 1856, 2e éd., in-8°.

Dissertation sur les Chambres de notaires, considérées comme personnes civiles, par Leberquier, avocat. — (*J. du Not.*, 1857, n°s 1289, 1290, 1291 et 1292.)

Comptabilité des notaires, par Oudin. — 1860, 1 vol. gr. in-4°.

Code de lois notariales, par Libens. — Bruxelles, 1859-60, in-8°.

La Comptabilité des notaires en partie double, par Lejean. — 1860, in-8°.

Du droit de transmission des offices, des réformes et améliorations à leur appliquer, par Vuatiné. — La Rochelle, 1860, in-8°.

Synthèses ou tableaux synoptiques des actes notariés, avec annotations et formules, par Libens. — Bruxelles, Paris, 1860, in-8°.

Mémoire au Sénat sur la *Réforme notariale,* par Herten et Gaulier. — 1861, in-8°.

Sommaire des cours du droit notarial, par Rutgeerts.
— Louvain, 1861, in-8°.

Exposé historique de la législation notariale dans les Pays-Bas, préface de 68 pages, par Galciloot, en tête de l'Inventaire du notariat général de Brabant. — Bruxelles, 1862, gr. in-4°.

Je dois la communication de cet ouvrage, très rare et très intéressant, aux soins obligeants de M. Bovens von Hooghten, notaire à Bruxelles, auquel je suis heureux d'en exprimer ici ma reconnaissance.

Guide pratique pour la rédaction des actes des notaires, par Michaux. — Paris, 1862, in-18.

Traité formulaire de l'inventaire, par Defrénois et Vavasseur. — Paris, 1863, gr. in-8°.

Note sur la responsabilité notariale, par Audier. — (*J. du Not.*, 1862, n° 1703.)

Un tarif des actes notariés, par Beautemps-Beaupré, magistrat. — 1863, in-8°. (Extrait de la *Revue historique de droit français et étranger*.)

Traité de la responsabilité des notaires, par Éloy, avocat général à Besançon. — Paris, 1863, 2 vol. in-8°; 2ᵉ éd., 1873.

Traité des honoraires des notaires, à la portée de tout le monde, par Cault. — Paris, 1863, in-8°.

Traité de la responsabilité notariale, par Paul Pont. — (*Revue du notariat*, 1862 et années suivantes, nᵒˢ 133, 181, 254, 387, 462, et suiv. jusqu'au n° 2277.)

Des *Certificats de propriété,* dressés par les notaires,
par Pradier. — (*Revue du notariat,* 1862 et années
suivantes, nᵒˢ 324, 343, 443, 488 et suiv. jusqu'au
nᵒ 1799.)

Des Cessions et des Suppressions d'office, par Greffier,
conseiller à la Cour de cassation. — 1861, Paris,
in-8ᵒ; 2ᵉ éd. en 1865; 3ᵉ éd. en 1874.

Du droit de grâce en matière disciplinaire, par Rutgeerts. — (*J. du notariat,* 1861, nᵒ 1602.)

De l'exécution à l'étranger d'un *acte notarié* passé en
France, par Becker. — (*J. du not.,* 1861, nᵒˢ 1611
et 1612.)

De la Préséance entre les notaires et les procureurs du
Châtelet, par A. Roger, avocat. — (*J. du not.,*
1861, nᵒˢ 1661 et 1662.)

Du *Notariat international,* par Becker, avocat. — (*J. du
not.,* 1861, nᵒˢ 1667, 1726 et 1729.)

Du *Notariat dans l'arrondissement de Lille,* par H. Pa-
jot, clerc de notaire. — (*J. du not.,* 1861; broch.
in-8ᵒ.)

Du *Notariat en Algérie* et des réformes à y introduire,
par M. Frégier, magistrat. — 1863, broch. in-8ᵒ.

Pétition au Ministre de la Justice sur le *Tarif légal,*
par la Chambre des notaires de Tours. — *J. du not.,*
1863, nᵒ 1761.)

Cette étude est excellente à tous égards, et doit être con-
sultée par les adversaires comme par les partisans du tarif
légal.

Le *notariat étranger*. — ANGLETERRE. — Doctrine, pratique, attribution, formules d'actes, tarifs, par Becker, avocat. — Paris, 1863, broch. in-8º.

Ouvrage qui n'a pas été continué.

Notariat du département de la Seine, ou tableaux, par ordre chronologique, indiquant les minutes appartenant à chaque étude, avec table alphabétique des noms des notaires et de leurs résidences, par A.-J.-A. Thomas. — Paris, 1863, in-4º.

Archéologie notariale. — Forme d'un protêt de lettre de change, dressé par un notaire de Gênes, le 14 novembre 1384. — (Extrait de la *Revue* de la Bibliothèque de l'École des chartes, t. II, 3ª série, p. 68.

Du concours de la femme à la vente d'un propre du mari et de la renonciation à son hypothèque légale, par M. Lefebvre. — (*J. du not.,* 1863, nᵒˢ 1858, 1859 et 1860.)

De la Conservation des *Anciennes minutes des notaires*. — (*J. des not.,* 1864, art. 18017.)

COMMENTAIRE *de la loi du 25 ventôse an XI.* Organique du notariat et des lois qui s'y rattachent, par Rutgeerts. — Louvain, 1865, 2 vol. in-8º.

Un des meilleurs commentaires et des plus complets qui aient été publiés sur la loi de Ventôse. La première édition est depuis longtemps épuisée. Nous croyons savoir qu'une seconde édition de cet important ouvrage, mise au courant de la législation belge et française, est en préparation; elle est attendue avec impatience.

Recueil de jurisprudence notariale, précédé d'un aperçu
historique sur l'*Institution du notariat,* par Alphonse
Chotteau. — Bruxelles et Paris, 1865, in-8°.

Code des placements fonciers, acquisitions d'immeubles, prêts hypothécaires, par Gauthier, avocat. —
Paris, 1865, in-8°.

Ouvrage excellent, indispensable aux notaires.

De la *Compétence des notaires* en France, pour rendre
exécutoires les actes notariés reçus à l'étranger;
compétence des présidents de tribunaux pour rendre
exécutoires en France les jugements rendus à l'étranger; compétence des tribunaux français dans les li-
tiges intéressant les étrangers en France. — Pétition au Sénat par Becker, avocat. — 1866, broch.
in-8°.

Des testaments déposés à titre officieux chez les *notaires* et qui demeurent ajournés. — Moyen d'y re-
médier, par Chotteau. (*J. des not.* — 1866, n° 20490.)

Formulaire-Pocket des *Actes des notaires,* avec annotations, suivi du texte du code Napoléon et du code
de procédure civile, publié par l'administration du
Journal des notaires. — 1866, in-18, 4ᵉ édition,
10ᵉ tirage.

Table analytique et alphabétique du *Journal des notaires et des avocats* et du dictionnaire du notariat
(4ᵉ édition) de 1808 à 1865. — 1866, 4 vol. in-8°.

Revue sommaire de jurisprudence et de doctrine sur le

privilège du cautionnement des officiers ministériels et sur le privilège des vendeurs d'offices, par Audier.— Paris et Grenoble, 1866, in-8º.

Nouveau manuel théorique et pratique de la taxe des frais en matière civile, comprenant : 1º.... 2º le *Tarif des notaires,* etc., par Bonnesœur, conseiller à la cour de Bordeaux. — Paris, 1866, in-8º.

Traité pratique des testaments notariés, olographes et mystiques, par Michaux. — Paris, 1866, in-8º.

De la perte des *Dépôts* faits chez les notaires, en matière de vente et de prêts hypothécaires, par Lefebvre. — (*J. du Not.* 1866, nº 2033.)

Orthographe des actes notariés, par un ancien notaire.— Paris, 1866, broch. in-8º.

Étude sur l'abolition de la vénalité des offices, par Theureau. — Paris, 1868, in-8º.

Consulter, sur ce livre, la critique qui en a été faite par M. Jeannest-Saint-Hilaire. (Circulaires du *Comité* des notaires, 1869, nº 52.)

Considérations sur la *Revision du nombre des notaires,* par Rutgeerts. — Louvain, 1868, broch. in-8º.

Traité pratique et formulaire général du notariat, par Defrénois et Vavasseur. — Paris, 1868, 4 vol. grand in-8º.

Précis historique du notariat, sans nom d'auteur. (*J. du Not.,* 1868, nº 2216 et suivants.)

Jurisprudence en matière de *responsabilité notariale,*

par Rutgeerts. — (*J. du Not.*, 1868, nᵒˢ 2261 et 2262.)

Recherches historiques dans les études du notariat, par V. Meilheurat. (*Le Cabinet historique*, décembre 1868.)

Collection des OBSERVATIONS PRATIQUES publiées par la *Revue du Notariat* jusqu'au 1ᵉʳ janvier 1869. — Paris, 1869, 2 vol. in-8ᵒ.

Le Véritable Conseiller en affaires ; Nouveau manuel complet de législation usuelle et pratique pour faire ses affaires soi-même avec sûreté, dans toutes les circonstances de la vie, par un ancien notaire; revu, corrigé et augmenté par de Barincourt, avocat. — Paris, 1869, un vol. in-12.

De l'*Admission au notariat* et aux divers autres offices, par Favier-Coulomb. 2ᵉ édition, mise au courant de la législation et de la jurisprudence de la chancellerie et des tribunaux, par Pradines, avocat général à Paris. — Paris, 1869, in-8ᵒ.

Position actuelle et future du notariat dans la société, par Codrus. — Paris, 1869, Dentu, in-8ᵒ.

Traité pratique du contrat de mariage et des actes qui en sont la suite ou la conséquence, avec un choix de formules inédites, par Michaux. — Paris, 1869, in-8ᵒ.

Le *Châtelet de Paris,* son organisation et ses priviléges, par C. Desmaze, conseiller à la cour de Paris. — Paris, 2ᵉ édition, 1870, in-8ᵒ.

Rapport à la Société de Législation comparée par la commission chargée d'étudier les diverses *Législations sur le notariat.* — Paris, 1870, broch. in-8°.

Cours de notariat, comprenant l'explication des lois organiques, par Bastiné, professeur à l'université de Bruxelles. — Bruxelles, 1870, in-8°.

Examen comparé de la *nouvelle loi italienne* et de la *Législation française* sur le notariat, par Pierantoni. — Gand, 1870, broch. in-8°. (Extrait de la *Revue de Droit international.*)

De la division des actes et de leur multiplication, par Pradier. (*Revue du Notariat,* 1872, n° 4116.)

De la *Taxe des actes notariés,* par Vavasseur. (*Revue du Not.,* 1872, n°ˢ 4213 et 4270.)

De la *Responsabilité du notaire* qui a reçu un testament nul pour cause de parenté ou d'alliance d'un témoin, par Rau. (*Revue du Not.,* 1872.)

Des *Suppressions des offices de notaires.* (*Revue du Not.,* 1872, n° 4432, p. 241.)

Science du droit notarial en France, par Chemin. — Paris, 1872, broch. in-8°.

Formulaire général des actes notariés, par Chotteau et Bastiné. — Bruxelles, 1872, 2 vol. in-8°.

Questions notariales : de la division des notaires par classes ; du notaire en second ; du partage des honoraires; du droit à la minute, par Minier. — Paris, 1872, in-8°.

Mémoire sur la question du *Ressort des notaires*, par Rutgeerts. — Louvain, 1872, broch. in-8°.

De la procédure à laquelle est soumise l'action en payement des *honoraires des notaires*, par Audier. — (*J. du Not.*, 1872, n° 2575.)

Le *Notariat philosophique et pratique* au XIX° siècle et formulaire raisonné du notariat, par Bolinne, ancien notaire belge. — Bruxelles, 1873, in-8°.

Rapports des notaires avec le ministère public, par Dutruc. (*Revue du Not.*, 1873, n° 5033.)

Le *Notariat en Alsace-Lorraine*, étude historique et critique, par Flach, avocat. — Strasbourg, 1874, broch. in-8°.

Des *Chambres de discipline des notaires*, des formes substantielles de leurs délibérations, étendue de leur juridiction, par M. Greffier. (*Revue du Not.*, 1874, n° 4948 et 5301.)

Mémoire sur le règlement amiable des honoraires des notaires, à l'appui de l'appel formé devant la cour de Paris contre un jugement du tribunal de Chartres du 20 décembre 1872, par Vavasseur. — Paris, 1874, broch. in-8°.

De l'immixtion des agents d'affaires dans les *fonctions notariales* en France, Belgique, Hollande et Allemagne, par Rutgeerts. — Bruxelles, 1874, broch. in-8°.

Interprétation de l'art. 8 de la loi du 25 ventôse an XI. (*J. des notaires*, 1874, art. 21145, 21262 et suivants.)

De la *Responsabilité des notaires* en matière de placements hypothécaires, par Vavasseur. (*Revue du Not.*, 1875, n° 4985.)

Ce que valent les *Registres de comptabilité des notaires*, comme preuve judiciaire, par Jozon. — (*Revue du Not.* 1876, n° 5194.)

Note de Jurisprudence administrative sur les certificats de propriété délivrés par les *notaires*. (*J. du Not.*, 1876, n°s 2888 et 2889.)

Nouvelle Méthode de *Comptabilité notariale*, par Normand, caissier de M. Gaullier, notaire à Chartres. — 1876; broch. in-4°.

TRAITÉ de la *Discipline notariale* devant les tribunaux et les chambres de notaires, par A. Lefebvre, avocat à la Cour de cassation. — Paris, 1876, 2 vol. in 8°.

Dans ce traité, entièrement nouveau, l'auteur a examiné toutes les questions que peut soulever l'exercice de la juridiction disciplinaire notariale, soit devant la Chambre des notaires, soit devant les tribunaux. C'est un ouvrage d'une très grande valeur, qui sera consulté avec fruit par tous les juristes, mais qui est surtout indispensable aux notaires et aux Chambres de discipline.

Du *Partage des honoraires entre notaires*, par A. Lefebvre. — Paris, 1876; broch. in-8°.

De la *Réforme du notariat*, discours de rentrée à la

16.

cour de Chambéry, par M. Tappie, procureur général. 1877, broch. in-8°.

Des *Commissions judiciaires des notaires*. — Du droit
à la minute des actes, par Lancelin, conseiller à la
cour de Paris. (*Revue du Not.*, 1877, nᵒˢ 5363, 5376,
5389, 5402.)

Étude sur les *origines du notariat*, de Viard. — Lan-
gres, 1877, in 8°.

Des *actes notariés*, de la date et de leur perfection.
(Anonyme, *Revue du Not.*, 1877, nᵒˢ 5368 et 5382.)

Traité des difficultés notariales, ouvrage contenant la
refonte des actes nuls, le redressement des actes
imparfaits et boiteux, la revision des vices de rédaction, avec les moyens de les éviter, par Dufour. —
Lille, 1877, in-8°.

De la *Responsabilité des notaires*, résultant des élec-
tions de domicile faites en leur étude, par Dutruc.
(*Revue du Not.*, 1877, nᵒ 5410.)

Le *Code-formulaire* portatif du notariat, ou texte complet du Code Napoléon, annoté article par article de
toutes les formules des actes notariés résultant de
son application, etc., par Michaux, 3ᵉ édit. — Paris,
1877, in-8°.

De l'*Institution du notariat* dans l'empire russe,
d'après la loi organique du 14 avril 1866, par Lehr,
professeur de législation comparée à l'académie de
Lausanne. — Lausanne et Paris, 1877; broch. in-8°.

De la *Responsabilité civile des notaires*, par Walquenart. — Paris, 1877; in-8°.

Guide de la comptabilité notariale. — Chambre des notaires de Paris. — 1877; in-4°.

Formulaire portatif du notariat, contenant toutes les formules usitées, classées dans l'ordre alphabétique et mises en corrélation avec les ouvrages d'Éd. Clerc, par A. Michaux, avec des formules de déclaration de succession. 3ᵉ édit. mise au courant des lois nouvelles. — Paris, 1877; in 4°.

Statistique des ventes judiciaires faites à la barre et des ventes renvoyées devant notaires, par la *Chambre des notaires* de Grenoble. (*J. du Not.*, 1878.)

Projets d'actes présentés par les parties : *Droits des notaires*, par Despret, notaire à Ath (Belgique). (*J. du Not.*, 1878, n° 3100.)

Consultation de MM. Demolombe et Carel sur le *Partage des honoraires entre notaires.* (*J. du Not.*, 1878, n° 3067.)

Du bénéfice des expéditions et des honoraires de testament, après transmission d'office, par Bertheau. (*Revue du Not.*, 1878, n° 5564.)

Des cas dans lesquels le *notaire* peut ou doit refuser son ministère. (*Revue*, 1878, n° 5639.)

De la rédaction des actes, considérée au point de vue de l'écriture sténographique, des langues étrangères et des prescriptions de la loi, par Turin. — Paris, 1878, in 8°.

Des *Obligations notariées*, par Bertheau. (*Revue du Not.*, 1878, n° 5680.)

Les *Transactions viagères* et le *Notariat*, par Carlier. — Paris, 1878; broch. in-8°.

Des infirmités physiques des parties ou des témoins instrumentaires, au point de vue de la validité des *actes notariés*, par A. Lefebvre. (*J. du Not.*, 1878.)

Profils et Silhouettes du notariat. — Erreurs et préjugés sur la loi du 25 ventôse an XI, par E. Swinnen, notaire à Tirlemont (Belgique). — Tirlemont, 1876 à 1878; 9 broch. in-8°.

Lectures sur le notariat français, faites à l'académie de législation de Toulouse, par M. Arnault, professeur à la Faculté de droit. — Toulouse, 1879; brochure in-8° de 118 p.

De l'indemnité accordée en cas de suppression des offices, par M. Perriquet, avocat à la Cour de cassation. (*Revue du Not.*, 1879; n° 5743.)

Dictionnaire des professions, V° *Notaire*, 2° édition, sous la direction de M. Charton, membre de l'Institut. — Paris, 1879; in-8°.

ENCYCLOPÉDIE *du Notariat* et de l'enregistrement, ou Dictionnaire général et raisonné de législation, de doctrine et de jurisprudence en matières civile et fiscale (avec formules), publié par la *Revue du*

Notariat, sous la direction de M. Lansel, secrétaire de la *Revue*. — Paris, Marchal et Billard, 1878; grand in-8°.

Sept volumes ont déjà paru ; le huitième est annoncé pour la fin de l'année 1880.

De la présomption de paiement établie sur la remise de la grosse par les *notaires*, par Félix Bonnet. (*J. du Not.*, nᵒˢ des 20 et 24 décembre 1879.)

Des dommages-intérêts dus au *notaire* victime d'une dénonciation calomnieuse, par M. Joubert. (*Revue du Not.*, 1879, nᵒ 5759.)

Chambres de discipline; Application de l'art. 17 de l'ordonnance de 1843, par Raveau. (*Revue du Not.*, 1879, nᵒ 5817.)

Cote et paraphe des titres au porteur. Revirement de la jurisprudence, par M. Joubert. (*Revue du Not.*, 1879, nᵒ 5858.)

Du *ministère forcé des notaires*, par Raveau. (*Revue du Not.*, 1879, nᵒ 5875.)

Du *pouvoir de verbaliser des notaires*, par Raveau. (*Revue du Not.*, 1880, nᵒ 5974.)

Tableau général des minutes des *notaires de l'Angoumois* déposées aux archives de la Charente, par de Fleury. — Angoulême, 1880; broch. in-8°.

TABLEAU *des formalités requises dans les actes notariés*, pour les mineurs ordinaires, mineurs émancipés, interdits, pourvus de conseils judiciaires et femmes mariées, par E. Brottier. — Paris, 1880; grand in-folio.

Comptabilité notariale, nouvelle méthode très simple et très pratique ayant pour but d'éviter les erreurs et omissions, etc., par A. Peuret, principal clerc de notaire à Chartres. — Paris, 1880; broch. in-8°.

DES ACTES NOTARIÉS, par Champetier de Ribes; thèse de doctorat. — Paris, 1880; in-8°.

NOTICE *sur l'école de notariat de Bordeaux.* Plan d'organisation d'un enseignement spécial au notariat, par Émile Dupond, avocat, directeur de l'école. — Paris et Bordeaux, 1880; broch. in-8° de 72 p.

Dans cette étude, fort intéressante, l'auteur, après avoir démontré l'insuffisance des garanties de capacité établies par la loi de ventôse, insuffisance qui est reconnue depuis longtemps déjà par les publicistes, les jurisconsultes, les notaires eux-mêmes, étudie et propose un système d'enseignement spécial au notariat, sur le modèle de celui qui fut organisé à Bordeaux par M. Scholl dès 1831, et que l'auteur dirige lui-même avec succès depuis 1871.

Responsabilité notariale en matière de prêts hypothécaires, par F. Bonnet, avocat à la Cour de cassation. (*J. du Not.*, nᵒˢ des 8, 11, 18, 22, 29 septembre, 20 et 23 octobre, 6, 10 et 13 novembre 1880.)

TRAITÉ et FORMULAIRE de la liquidation et du partage des successions, des communautés, des sociétés, etc., par A. Defrénois. — Paris, 1880; 2 vol. in-8°.

OUVRAGES NON CLASSÉS

SANS DATE CONNUE

Fasquel. *Les Notaires* dans leurs rapports avec les payeurs publics. In-8°.

Houyvet. De la concurrence des huissiers, des greffiers *avec les notaires,* pour les ventes publiques de meubles à crédit et des récoltes et arbres sur pied. 1 vol. in-8°.

Massart. Commentaire général de la loi organique du notariat du 25 ventôse an XI.

Savy. Précis sur la garantie en matière de vente et de transport appliqués au notariat. In-8°.

Van der Linden. Traité sur le notariat en France.

Cet ouvrage a pour auteur un Hollandais, et, bien que déjà ancien, a conservé toute sa valeur.

PUBLICATIONS PÉRIODIQUES

S'ADRESSANT SPÉCIALEMENT AU NOTARIAT [1].

GUIDE DES NOTAIRES *et des employés de l'enregistrement*, contenant : 1° des modèles d'actes des meilleurs notaires de Paris; 2° leurs effets civils d'après la jurisprudence nouvelle; 3° le modèle d'enregistrement; 4° la liquidation des droits qu'ils opèrent. Ce recueil, qui a paru en l'an VII et années suivantes, se publiait par 12 cahiers qui formaient 2 vol. par an.

Il y a une seconde édition, de 1806, en cinq volumes.

ANNALES *de législation et de jurisprudence du notariat,* par une société de jurisconsultes et de notaires (éditeur, M. Loret, avocat); a commencé à paraître en floréal an XI (mai 1803); a cessé de paraître en 1827. La collection se compose de 27 volumes.

*JOURNAL DES NOTAIRES ET DES AVOCATS, publié par

---

1. Les publications marquées d'un astérisque sont les seules qui paraissent encore.

une société de notaires et de jurisconsultes, existe depuis 1808.

Ce recueil, qui est un des plus estimés, en tous cas le plus complet de la jurisprudence notariale, était primitivement divisé en deux parties : l'une, en forme de dictionnaire alphabétique, avec des formules (3 vol. in-8°), qui est devenue, depuis, le *Dictionnaire du Notariat* ; l'autre, composée des décisions de la jurisprudence. Cette seconde partie, depuis 1815, porte seule le titre ci-dessus indiqué, et paraît régulièrement tous les mois ; elle forme aujourd'hui 110 volumes in-8°. Le directeur actuel est M. Astoul, ancien notaire. Le siège de l'administration est à Paris, 52, rue des Saints-Pères.

JOURNAL DU NOTARIAT, *des hypothèques et de l'enregistrement*. — Paris, 1809, sans nom d'auteur.

Ne paraît plus.

MÉMORIAL DU NOTARIAT et de *l'enregistrement*, journal mensuel, fondé par M. Gagneraux, en 1826.

Ne paraît plus.

*JURISPRUDENCE DU NOTARIAT. Recueil mensuel faisant suite au Répertoire de jurisprudence de Rolland de Villargues.

Paraît depuis 1828, et forme aujourd'hui 52 volumes in-8°. — Siège du journal, rue de Lille, 19, à Paris.

*JOURNAL DU NOTARIAT et *des offices ministériels* ; journal bi-hebdomadaire paraissant depuis 1829.

A eu successivement pour rédacteurs en chef MM. Hennequin, Lefebvre et Bonnet, son rédacteur actuel, avocat à la Cour de cassation. C'est assurément l'un des organes les plus intéressants et les plus autorisés du notariat. La collection forme 51 vol. gr. in-4°.

REVUE DU NOTARIAT *et de l'enregistrement*, par plusieurs jurisconsultes. Recueil fondé en 1834.

Ne paraît plus.

LE CONSEIL DES NOTAIRES *et des conservateurs des hypothèques*, journal du notariat, de l'enregistrement, des hypothèques et du timbre, par une société de jurisconsultes, de notaires et d'anciens employés de l'enregistrement. Fondé en 1835.

Paraissait en un cahier par mois.

* LES ARCHIVES DU NOTARIAT, par les rédacteurs du *Journal du Notariat*. Cahier de jurisprudence pratique paraissant à la fin de chaque mois depuis le 1er janvier 1844.

JOURNAL du *Manuel des notaires*, ou Recueil de jurisprudence et de doctrine, fondé par F. Cellier, avocat, professeur de notariat. A paru, par cahiers mensuels, de 1849 à 1853.

La collection de ce journal contient le *Cours de Notariat*, commentaire de la loi du 25 ventôse an XI, par l'auteur.

LE COURRIER DU NOTARIAT, journal spécial de la réorganisation. Directeur : M. Gardey de Clarac; in-4°. Paraissant le jeudi de chaque semaine. Le premier numéro est daté du 7 avril 1853.

Ne paraît plus.

LE MONITEUR DU NOTARIAT, recueil mensuel, fondé, en 1853, par M. Gardey de Clarac.

Ne paraît plus.

ANNUAIRE *des clercs de notaire*, suivi d'un formulaire pratique des principaux actes du notariat.

N'a paru qu'en 1857.

LA SEMAINE NOTARIALE, recueil hebdomadaire fondé en 1861.

Ne paraît plus.

Le Courrier du Notariat, fondé en 1861.

Ne paraît plus.

* LA REVUE DU NOTARIAT et de *l'Enregistrement,* fondée en 1861 par M. Émile Paultre, ancien notaire à Nevers ; actuellement sous l'administration de MM. Marchal et Billard, libraires de la Cour de cassation, place Dauphine, 27, à Paris. Paraît par cahiers mensuels. La collection forme 19 volumes grand in-8°.

Une table alphabétique a été faite par M. Molineau et publiée sous le titre de *Répertoire de la Revue du Notariat;* elle embrasse les années 1861 à 1870.

* L'ÉTUDE, *journal des clercs de notaire ;* recueil hebdomadaire in-4°, dont M. Le Boucher, éditeur à Paris, était l'administrateur, et M. Dumas (Genebrier) rédacteur en chef. En 1868, le journal a pris le titre de *Gazette des clercs de notaire* et a passé sous la direction et l'administration de M. Chérié, ancien principal clerc de notaire, libraire-éditeur à Paris, rue de Médicis. Il paraît toujours toutes les semaines en un cahier in-8° de 16 pages.

* La Science notariale, recueil hebdomadaire fondé en
  1867, à Toulouse.

RÉPERTOIRE DU NOTARIAT PRATIQUE; revue critique
de droit civil, de droit fiscal et.de notariat, étudiés
au point de vue spécial de leur application. Rédacteur en chef, M. Dumas (M. Genebrier, notaire à
Échandelys). Recueil trimestriel qui a paru de 1870
à 1878.

S'est transformé, en 1878, en :

*RÉPERTOIRE encyclopédique et raisonné de la *pratique
notariale,* qui paraît par fascicules de 104 pages tous
les deux mois, avec la collaboration de MM. *Bufnoir,*
professeur à la Faculté de droit de Paris; *Ernest
Dubois,* professeur à la Faculté de droit de Nancy;
H. Godard, avocat à la Cour de cassation, et *Rigaud,*
ancien avocat à la Cour de cassation.

Les huit premières livraisons parues forment 1 volume
grand in-8° de plus de 800 pages.

* LE MANDATAIRE DU NOTARIAT, recueil hebdomadaire fondé en 1873 par M. Monteyrac, ancien notaire, et paraissant le jeudi de chaque semaine. —
  Rue de Turbigo, 56, Paris.

*BULLETIN de *la Chambre des notaires de Grenoble.*
Recueil créé par les soins de la Chambre des notaires, en 1874, pour la publication des travaux de
la compagnie et l'étude des questions qui intéressent

le notariat de l'arrondissement. Paraît irrégulière-
ment, un numéro par an, en un cahier in-8°.

Le numéro du mois de juin 1879 contient des détails fort
intéressants sur l'histoire du notariat à *Grenoble* et dans le
Dauphiné.

LE NOTARIAT FRANÇAIS, journal hebdomadaire fondé
en 1879 par M. J. Tarneau, notaire à Clermont-
Ferrand.

A cessé de paraître.

AGENDAS—ANNUAIRES.

Deux Agendas-annuaires, spécialement destinés aux
notaires, sont publiés chaque année :

Le premier, depuis 1847, par l'administration du
Journal des notaires et des avocats, en un volume
grand in-8°.

Le second, depuis 1862, par l'administration de la
Revue du Notariat, en un volume grand in-8°.

APPENDICES

I.

AUTEURS A CONSULTER SUR LE NOTARIAT ÉTRANGER [1].

BOLZA (*Friedrich*). — Die Gesetzgebung über das Notariat in der bayerischen Pfalz, ein Handbuch für Notare. — Neustadt, 1862.

CASAS (DE LAS) Dr José GONZALO. — Tratado general filosofico-legal teorico y practico de notariado y de instrumentos publicos relativos a la propriedad, a la familià y a la sucesion, conforme al derecho civil, etc.; nueva edicion. — Madrid, 1877.

---

1. Je n'ai pas la prétention de donner ici une nomenclature complète même des ouvrages les plus importants publiés sur le *notariat étranger;* je veux seulement indiquer quelques-uns des plus estimés, indispensables à ceux qui désireraient faire quelque recherche de législation comparée. Le lecteur qui voudra une bibliographie complète devra recourir aux ouvrages de MM. PAPPAFAVA (*Delle opere che illustrano il Notariato;* Zara, 1180, Solic, in-8°) et TORRES-CAMPOS (*Estudios de Bibliographia Espanola y Estranjera del Derecho y del Notariato;* Madrid, 1878, grand in-8°.)

CHORINSKY (D' C.). — Das Notariat und die Verlassenschaftsabhandlung. — Wien, 1877.

CONTI (D' VINCENZO). — Commentario teorico-practico della nuova lege sul notariato italiano. — Napoli, 1876-78.

ETTORE (D') E GIORDANO. — Legge sul riordinamento del notariato italiano annotata, con la correlazione dei suoi articoli fra loro e con quelli dei codici e delle altre legi dello Stato; il confronto del testo con l'anteriore dettato dei progetti; la esposizione plenaria ed autentica dei motivi, etc. — Napoli, 1875-79, 2 vol. in-8°.

MALISCHEWSKY. — Notarialnaia praktika. — Opit nastolnoi Knigui dlia Notariousow y Myrobix Sudei. — Odessa, 1875.

MICHELOZZI (D' CINO). — Il notariato secondo la nuova legge italiana. — Firenze, 1880; 4° édit. Mise en rapport avec la loi nouvelle du 6 avril 1879.

MORCILLO Y LEON. — Manual de teoria y practica notarial. — Madrid, 1867.

MOSCATELLO (D' PIETRO). — La Nuova legge notarile italiana. — Palermo, 1876; 2ᶜ édit., 1880.

NOTARIATSORDNUNG (DIE) vom 25 juli 1871, Sammt allen darauf bezüglichen Verordnungen und den grundsætzlichen Entscheidungen des Obersten Gerichtshofes. Sechste, vermehrte Auflage. — Wien, 1876.

Roncali (Dr Leone). — Notarenstand und Notariat in
                Oesterreich.—Wien, 1867.
      —   Beiträge zur Legalisirungs-
                frage in Oesterreich. —
                Wien, 1876.

Schymkowsky *(Dr Julius)*. — Handbuch zur neuen
Oesterreichischen Notariatsordnung mit formularien
Verschen. — Wien, 1871.

—————

II.

BARDY (Gustave)

(Voir *Première partie,* page 15.)

Pendant l'impression de ce volume, nous avons re-
cueilli, sur M. Bardy, de nombreux et précieux renseignements, que nous regrettons de n'avoir pu utiliser
dans notre première partie. L'espace nous manque ici
même pour rappeler tous les *titres scientifiques* dont il
a été honoré durant sa longue carrière de notaire et de
magistrat, les *délégations* qui lui furent conférées auprès
de la Chancellerie à diverses époques, auprès de la
Commission des offices en 1839, et du *Congrès* des notaires des départements; les *travaux* dont il fut chargé,
soit par les ministres de la monarchie de Juillet, soit
dans les Commissions des nombreuses sociétés savantes,

artistiques, agricoles, bienfaisantes, dont il a toujours été un des membres les plus actifs et les plus écoutés.

Mais nous ne saurions passer sous silence sa noble résistance aux ordonnances de juillet 1830, et les actes de courage civique dont il a fait preuve, à plusieurs reprises, sous la Restauration et sous le second Empire, pour la défense du droit et de la loi, et chaque fois que son indépendance de magistrat lui a paru menacée.

M. Bardy n'est pas seulement un talent, il est aussi un caractère, et le notariat, à ce double titre, peut être fier de l'avoir compté parmi ses membres les plus dignes et les plus dévoués.

Des nombreuses publications de notre ancien confrère, nous ne retiendrons, en outre de celles déjà citées (Ire partie, p. 15), que celles qui offrent plus spécialement un intérêt scientifique :

L'Avocat général de Marchangy, le Procureur général Cabasse et leurs calomniateurs. — Limoges, 1834. (*Annales* de la Haute-Vienne).

M. Dumas, ancien législateur. 1838. (*Annales* de la Haute-Vienne.)

Le Crédit public et les bandes départementales. 1840. (*Annales* de la Haute-Vienne.)

Adresse du Congrès des délégués du notariat des départements au roi. (*J. du Not.,* 1842.)

Plan de la colonisation de Laghouat. — Riom, 1853, in-8°.

Le Président Despérouze. 1854. (*Presse judiciaire* de Riom.)

L'Avocat général Dupuy-Vaillant. — Poitiers, 1856,
  in-4º.

L'Œuvre des Écoles d'Orient. — Poitiers, 1859, in-8º.

L'Assistance publique et la Charité privée. — Poitiers,
  1864, in-8º.

Lettre à MM. les Grands Rabbins et Présidents des
  consistoires israélites des trois provinces de l'Algérie.
  — Alger, 1880, in-4º.

III.

DUJARRIC-DESCOMBES

(LÉONARD-ALBERT.)

Notaire au Grand-Brassac (Dordogne).

*Officier d'Académie, membre de plusieurs sociétés
scientifiques.*

Publications :

Des Contrats aléatoires. — Paris, 1872; in-8º, 80 p.

*Réponse au livre de M. O. Douen sur l'intolérance de
Fénelon.* — Périgueux, 1873; petit in 8º br., 16 p.

*Essai historique sur Mgr Daniel de Francheville, sur-
nommé, d'après des documents inédits, le Père des
pauvres, évêque de Périgueux* (1693-1702). Nouvelle

édition, revue et augmentée. — Périgueux, 1874;
in-8°, 46 p.

*Quelques mots sur l'origine et la naissance de Cyrano
de Bergerac.* — Périgueux, Dupont, 1874; in-8°,
12 p.

*Aperçu philosophique de la doctrine de Maine de Biran,
à l'occasion de la nouvelle édition de ses « Pensées ».*
— Périgueux, Dupont, 1874; in-8°, 20 p.

*Remarques, d'après des notes inédites, au sujet de
l'Etude historique sur Mgr Le Boux, évêque de Périgueux et prédicateur ordinaire de Louis XIV, par
l'abbé E. Riboulet.* — Périgueux, Dupont, 1875;
in-8°, 20 p.

Journal de Mgr de Beauveau, évêque de Sarlat (1688-
1701). — Périgueux, Dupont, 1876; in-8°, 20 p.

*Un dernier mot sur Cyrano de Bergerac. (Bulletin de
la Société historique et archéologique du Périgord,
1875, p. 31-34.)*

Notes biographiques sur Étienne Cœuilhe, magistrat et
moraliste périgourdin (1697-1749). — 1875.

Chants patois du Périgord. 1875.

Notice sur l'Église du Grand-Brassac. 1876.

La Municipalité de Lisle en Périgord, de 1300 à 1789.
1876.

Un Mot sur la bibliographie du Périgord. 1877.

L'Église de Lisle en Périgord, avant la Révolution.
1877.

*Les Philippiques de Lagrange - Chancel, publiées
d'après les manuscrits et les annotations de l'auteur,*

avec une préface. — Périgueux, Dupont, 1878;
in-8°, 16 p.

Mémoire sur les archives municipales de Périgueux.
— Périgueux, Dupont, 1880, in-8°, 18 p.

TABLE ALPHABÉTIQUE

DES MATIERES[1]

A

---

1. Les chiffres romains indiquent la partie du volume et les chiffres
arabes la page.

D

18.

E

F

L

P

S

INDEX ALPHABÉTIQUE

DES NOMS D'AUTEURS

TABLE DES MATIÈRES